Yummy
Veggie!

DK

DK | Penguin Random House

Lektorat Carrie Love, Becky Walsh,
Penny Smith, Sarah Larter
Gestaltung und Bildredaktion
Rachael Parfitt Hunt, Eleanor Bates, Rachael Hare,
Karen Hood, Hannah Moore, Mabel Chan, Helen Senior
Herstellung Sophie Chatellier, Jennifer Murray, John Casey
Umschlaggestaltung Sonny Flynn, Rachael Parfitt Hunt,
Issy Walsh,
Rezepte Heather Whinney, Denise Smart
Ernährungswissenschaftlerin Fiona Hunter
Fachliche Beratung Denise Smart
Fotos Dave King

Für die deutsche Ausgabe:
Programmleitung Monika Schlitzer
Redaktionsleitung Martina Glöde
Projektbetreuung Janna Heimberg
Herstellungsleitung Dorothee Whittaker
Herstellungskoordination Ksenia Lebedeva
Herstellung und Covergestaltung Sabine Hüttenkofer

Titel der englischen Originalausgabe:
The Vegetarian Cookbook

Übersetzung Wiebke Krabbe
Lektorat Cora Wetzstein

ISBN 978-3-8310-4049-0

Druck und Bindung TBB, a.s., Slowakei

FSC
MIX
Papier aus verantwor-
tungsvollen Quellen
FSC® C018179

www.dk-verlag.de

Inhalt

Zum Frühstück

Zum Snacken

Zum Mittagessen

Zum Trinken

Zum Abendessen

Zum Naschen

Küchenregeln

Kochen soll Spaß machen, aber trotzdem ist es wichtig auf Sauberkeit und Sicherheit zu achten. Lies diese Seiten zuerst, damit dir kein Missgeschick passiert und am Ende alles lecker schmeckt.

ZUTATEN UND WERKZEUG

• Lege alle Zutaten bereit, die du brauchst. Manche musst du vielleicht vorher einkaufen.

• Verwende Bio-Eier in der Größe M, wenn im Rezept nichts anderes angegeben ist.

• Für Rezepte mit Milch kannst du Vollmilch, fettarme Milch oder eine pflanzliche Milch benutzen. Verwende veganen Käse oder normalen Käse, der ohne tierisches Lab herge-stellt wurde.

Den Backofen vorheizen
Stelle die Temperatur ein, die im Rezept angegeben ist. Die Angaben stehen für Ober-/Unterhitze.

Besondere Werkzeuge
Wenn besondere Werkzeuge gebraucht werden, musst du sie vorher besorgen oder dir ausleihen.

MESSEN UND WIEGEN

Miss oder wiege alle Zutaten genau ab. Dafür kannst du verschiedene Löffel, eine Küchenwaage oder einen Mess-becher benutzen. Hier kannst du nachsehen, was all die Abkürzungen genau bedeuten.

Gewichte und Maße		Löffelmaße	
g	= Gramm	TL	= Teelöffel
kg	= Kilogramm	EL	= Esslöffel
ml	= Milliliter		
cm	= Zentimeter		

BEVOR DU ANFÄNGST

1
Lies zuerst das ganze Rezept bis zum Ende aufmerksam durch.

2
Wasche dir die Hände, binde eine Schürze um, und binde deine Haare zusammen.

3
Lege alle Zutaten und Werkzeuge bereit, die du brauchst.

SICHERHEIT

Damit keine Unfälle passieren ...

• Sei am Herd und am heißen Backofen sehr vorsichtig. Schau genau hin, ob Herdplatten eingeschaltet sind. Benutze immer Topflappen oder Handschuhe, wenn du heiße Töpfe, Pfannen oder Backformen anfasst.

• Pass gut auf, dass du mit heißen Flüssigkeiten nicht kleckerst. Benutze einen Spritzschutz, wenn du mit heißem Öl kochst. Falls du dich verbrennst, ruf sofort einen Erwachsenen.

• Sei mit scharfen Messern und Reiben besonders vorsichtig. Melonen, Kürbisse oder anderes Obst und Gemüse mit dicker, harter Schale schneidest du am besten zuerst in Viertel. Dann kannst du die Schale leichter entfernen und das Fruchtfleisch in Stücke schneiden.

• Ob Mikrowelle, Mixer oder Küchenmaschine: Sei vorsichtig! Ziehe den Stecker aus der Steckdose, bevor du bewegliche Teile berührst.

• Wasche dir gleich die Hände, nachdem du Chilischoten, Jalapeños oder Chiliflocken angefasst hast. Danach solltest du Augen, Mund oder andere empfindliche Bereiche eine Weile nicht mit den Fingern berühren.

Lass dir immer von einem Erwachsenen helfen, wenn du dir deiner Sache nicht ganz sicher bist.

PORTIONEN

So viele Personen werden davon satt oder so viele Stücke ergibt es.

VORBEREITEN

So lange dauern die Vorbereitungen. Dazu gehört das Schälen und Schneiden, aber auch Kühlen, Marinieren und Einfrieren. Bei manchen Backrezepten muss der Teig eine Weile ruhen. Auch diese Zeit musst du einplanen. Wenn du ein Gericht zum ersten Mal kochst, brauchst du vielleicht etwas mehr Zeit.

GAREN

So lange muss das Gericht kochen oder backen.

SAUBERKEIT

Es ist wichtig, in der Küche sehr sauber zu arbeiten, denn sonst können sich Keime verbreiten, die dich krank machen können.

• Immer zuerst die Hände waschen!

• Wasche Obst und Gemüse gründlich.

• Schneidebretter musst du mit heißem Seifenwasser abwaschen, nachdem du sie benutzt hast.

• Bewahre rohe und gekochte Lebensmittel getrennt auf.

• Wenn du etwas verschüttet hast, wische es gleich auf.

• Wasche deine Hände gründlich, wenn du mit rohen Eiern hantiert hast.

• Achte auf das Mindesthaltbarkeitsdatum.

• Achtung: Babys, ältere Menschen und schwangere Frauen sollen keine Gerichte mit rohen oder halb garen Eiern essen.

Werkzeug

Hier siehst du alle Werkzeuge, die für die Rezepte in diesem Buch hilfreich sind. Lege bereit, was du brauchst, bevor du mit dem Kochen anfängst.

Becher

Kleine Schüsseln

Gläser

Reibe

Handmixer

Kelle

Schaum-löffel

Kartoffel-stampfer

Brot-messer

Küchen-messer

Pizza-rad

Back-pinsel

Spar-schäler

Knoblauch-presse

Schnee-besen

Küchen-schere

Eiskugel-former

Spritzschutz

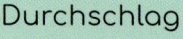

Muffinblech und Papierformen

Durchschlag

Sieb

Schneidebrett

Quiche-Form

Auflaufform

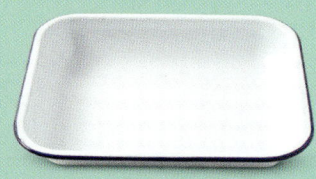

Bräter

Backblech, Backformen

Küchenmaschine

Kuchengitter

Spritzbeutel und Tüllen

Messlöffel

Plastikboxen

Messbecher

Mixer

Glaskrug

Pizzablech

Mehlstreuer

Bambuskörbe

Trinkhalme

Mess-becher

Cocktail-shaker

Zesten-reißer

Holz-stampfer

Zitronenpresse

Glasschüsseln

Große Schüssel

Ess-stäbchen

Teig-schaber

Koch-löffel

Pfannen-wender

Löffel

Tafel-messer

Gabel

Holzspieße

Cocktail-spieße

Rollholz

Alufolie

Schmor-topf

Stieltopf

Backpapier

Grillpfanne

Pfannen

Frischhaltefolie

Großer Topf

Wok

Gummi-handschuhe

Ofen-handschuhe

7

Gesund essen

Damit du gesund bleibst, musst du 40 verschiedene Nährstoffe zu dir nehmen. Kein Lebensmittel enthält alle diese Stoffe. Darum ist es so wichtig, jeden Tag möglichst abwechslungsreich zu essen. Aber welche Lebensmittel und wie viel davon? Das kannst du auf dieser Seite nachlesen.

Obst und Gemüse

Darin stecken Vitamine, Mineralien, Ballaststoffe und sekundäre Pflanzenstoffe. Das sind besondere Stoffe, die nur in Pflanzen vorkommen. Iss jeden Tag fünf Portionen Obst und Gemüse.

Wasser

Wichtig ist nicht nur, was du isst. Dein Körper braucht auch Flüssigkeit, am besten Wasser. 6–8 Gläser solltest du über den Tag verteilt trinken.

Proteine

Bohnen, Nüsse und Samen enthalten viele Proteine. Dein Körper braucht sie, um zu wachsen. Nüsse liefern zudem gesunde Fette.

Obst und Gemüse

Proteine

Ernährungswissenschaftler teilen Lebensmittel in verschiedene Gruppen ein und empfehlen von jeder eine bestimmte Menge zu essen. Du musst diese Mengen nicht bei jeder Mahlzeit genau einhalten, aber über den ganzen Tag sollte das Verhältnis der einzelnen Gruppen ungefähr stimmen.

Hau rein!

Gut zu wissen!

Proteine bestehen aus Bausteinen, die man Aminosäuren nennt. Manche kann der Körper nicht selbst herstellen, darum musst du sie mit der Nahrung zu dir nehmen.

Kartoffeln, Brot, Reis, Nudeln und andere Kohlenhydrate

Brot, Frühstücksflocken, Kartoffeln, Reis, Nudeln und Getreide versorgen deinen Körper mit Energie. Vollkornbrot ist ein besserer Energiespender als Weißbrot.

Öle und Fette

Öl und Fett (zum Beispiel in Butter und Margarine) sind wichtig. Iss aber nicht zu viel davon. Gesunde Fette sind in Olivenöl und Avocados enthalten.

Milchprodukte

Milch, Käse und Joghurt enthalten viel Kalzium. Das brauchst du für gesunde Knochen und Zähne. Außerdem liefern sie Proteine und die Vitamine A, B2 und B12.

Pastinaken

Sie enthalten viele Ballaststoffe und ein Vitamin aus der B-Gruppe, das man Folsäure nennt.

Karotten

Karotten gibt es in verschiedenen Farben! Alle sind reich an Vitamin A, das Haut und Augen gesund hält.

Rucola

Dunkelgrüne Blattsalate enthalten mehr Vitamine als Salate mit hellgrünen Blättern.

Stangensellerie

Die knackigen Stangen liefern die Vitamine A, C und K. Außerdem enthalten sie viel Wasser, das dein Körper auch braucht.

Gemüse

Damit dein Körper mit allen wichtigen Nährstoffen versorgt wird, solltest du viele verschiedene Gemüsesorten essen.

Pilze

Sie enthalten wertvolle Proteine und auch Vitamin B12.

Zwiebeln

Die Ballaststoffe in Zwiebeln sorgen dafür, dass in deinem Darm viele gesunde Bakterien leben.

Brokkoli

Er enthält Vitamin C und K. Außerdem ist er reich an Folsäure, die zu den B-Vitaminen gehört. Darüber hinaus sind die grünen Röschen gute Eisen-Lieferanten.

Tomaten

Tomaten sind genau genommen Früchte, aber wir essen sie als Gemüse. Es gibt über 5000 verschiedene Sorten!

Avocados

Sie versorgen dich mit Vitamin E und B6, mit gesunden Fetten und Ballaststoffen.

Spinat

Spinat versorgt dich mit Folsäure, Vitamin C und Kalium. Er erhält dein Blut und deine Augen gesund, und er stärkt dein Immunsystem.

Blumenkohl

Weil er viel Vitamin K enthält, sorgt Blumenkohl für gesunde Knochen. Außerdem liefert er Eisen und Vitamin C.

Rote Bete

Sie ist reich an Folsäure, B-Vitaminen und Eisen. Dein Körper braucht sie alle drei für die Blutbildung.

Kartoffeln

Kartoffeln sind für uns Menschen nur genießbar, wenn sie gekocht sind. Dann versorgen sie dich mit satt machenden Kohlenhydraten, Vitamin C, B-Vitaminen, Kalzium und anderen Mineralstoffen.

Paprika

Paprikaschoten sind besonders reich an Vitamin A und C. Eine halbe rote Paprika enthält mehr Vitamin C als eine Orange.

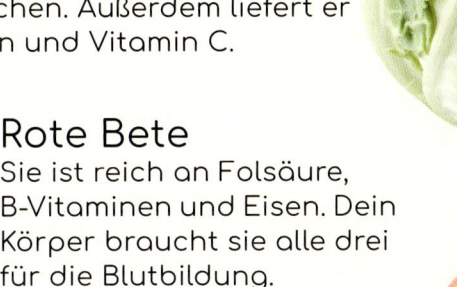

Erbsen

Erbsen enthalten viel Eisen. Weil Eisen sonst hauptsächlich in Fleisch zu finden ist, sind Erbsen für Vegetarier besonders nützlich.

Süßkartoffeln

Süßkartoffeln enthalten viel Kalzium, das gut für Herz und Blutdruck ist und Stress ausbremst.

Gurken

Sie bestehen zu etwa 97 % aus Wasser und tun u. a. der Haut gut.

Kürbis

In Kürbissen ist Beta-karotin enthalten. Dein Körper kann daraus selbst Vitamin A herstellen.

Wassermelone
Sie ist reich an Vitamin B6, das du für ein starkes Immunsystem brauchst.

Orangen
Sie enthalten viel Vitamin C, das die Aufnahme von Eisen verbessert, aber auch Folsäure und Vitamin B1.

Mangos
Sie enthalten Betakarotin, das wichtig für die Gesundheit von Haut und Augen ist, aber auch Vitamin C.

Obst

Obst gibt es in allen Farben und jede Sorte hat andere Inhaltsstoffe. Am besten isst du im Lauf der Woche viele verschiedene Obstsorten.

Feigen
Frische und getrocknete Feigen liefern viele wertvolle Ballaststoffe sowie Kalzium und Eisen.

Rosinen
Sie sind reich an Ballaststoffen. Iss aber nicht zu viele, denn sie enthalten viel Zucker.

Zitronen
Ihr Vitamin C hilft dem Körper, Eisen aus anderen Lebensmitteln zu verwerten.

Pfirsiche
Ein mittelgroßer Pfirsich versorgt dich mit der Hälfte des Vitamin C, das du pro Tag brauchst.

Äpfel
Weil sie reich an Ballaststoffen sind, halten Äpfel deinen Darm gesund.

Limetten
Wenn du Speisen mit etwas Limettensaft würzt, brauchst du weniger Salz.

Bananen
Die krummen Dinger sind richtige Power-Riegel. Sie enthalten Kohlenhydrate und die Mineralstoffe Kalium und Magnesium, die dafür sorgen, dass deine Muskeln und Nerven richtig arbeiten.

Heidelbeeren
Ihre sekundären Pflanzenstoffe halten Augen, Gehirn und Herz gesund.

Ananas
Sie sind gute Lieferanten von Vitamin C, Ballaststoffen, Kalzium und Eisen.

Himbeeren
Himbeeren versorgen dich mit Mangan und Vitamin K. Beide Stoffe brauchst du für gesunde Knochen.

Erdbeeren
Sie sind reich an Vitamin C und enthalten Folsäure, die zu den B-Vitaminen gehört.

Kiwis
Sie liefern den Pflanzenstoff Lutein, der wichtig für gesunde Augen ist.

Aprikosen
Aus dem Betakarotin, das sie enthalten, kann dein Körper selbst Vitamin A herstellen.

Reis
Naturreis enthält dreimal so viele Ballaststoffe wie weißer Reis. Zudem liefert er Eisen.

Pitabrot
Als schnelle, sättigende Zwischenmahlzeit kannst du es toasten und mit einem Dip essen.

Kohlenhydrate

Kohlenhydrate versorgen deinen Körper mit Energie, darum solltest du sie zu jeder Mahlzeit essen. Am besten sind Vollkorngetreide oder Produkte mit vielen Ballaststoffen.

Haferflocken
Sie halten dich dank der enthaltenen Ballaststoffe lange satt und versorgen dich gut mit Vitamin B1 und B6 sowie Eisen.

Gerste
Gerste kann als Beilage oder Salat zubereitet werden und enthält mehr Ballaststoffe als brauner, weißer oder Wildreis.

Brot
Brot ist ein guter Energiespender. Vollkornbrot enthält viel mehr Vitamine, Mineralien und Ballaststoffe als Weißbrot.

Nudeln
Nudeln schmecken heiß, aber auch kalt in Salaten. Vollkornnudeln sind gesünder, weil sie mehr Ballaststoffe enthalten.

Nudeln
Es gibt viele ver-
schiedene Arten von
Nudeln. Reisnudeln
enthalten keine Eier
und sind außerdem
glutenfrei.

Quinoa
Die kleinen Körnchen sind
tolle vegetarische Quellen für
hochwertige Aminosäuren,
Eisen und Magnesium.

Tortilla-Wraps
Prima als schnelles Mittagessen, weil sie gut sättigen.
Vollkorn-Wraps enthalten
mehr Ballaststoffe.

Kartoffeln
Sie sind reich an Vitamin C und
Kalium. Ballaststoffe finden sich
vor allem in der Schale.

Vollkornmehl
Es liefert mehr Ballast-
stoffe und B-Vitamine
als Weißmehl.

Süßkartoffeln
Geröstet, als Püree oder
Wedges: Süßkartoffeln
sind eine gute Quelle für
Vitamin A, C und E, das
deine Zellen jung hält.

Couscous
Er schmeckt heiß oder
kalt. Nimm am besten
Vollkorn-Couscous.

Bulgur
Er hält lange satt
und kann als Ersatz
für Couscous ver-
wendet werden.

Halloumi

Das Besondere an diesem Käse ist, dass er bei Hitze nicht schmilzt. Er schmeckt gut zu Ofengemüse.

Naturjoghurt

150 g Naturjoghurt enthalten ein Viertel des Kalziums, das du pro Tag brauchst, und fast die Hälfte des Jods.

Milch

Sie liefert außer Kalzium auch Proteine, Jod und die Vitamine A, B2 und B12.

Vegetarischer Hartkäse

Den kannst du statt Parmesan verwenden.

Vegetarischer Käse

Manche Käsesorten werden mit Lab hergestellt. Das ist ein Enzym, das im Magen von Kälbern vorkommt. Es gibt aber auch Käse, der nur mit vegetarischen Zutaten hergestellt wird.

Feta

Nicht zu viel essen, denn er enthält viel Salz.

Milch

Milch und Milchprodukte enthalten viel Kalzium, das du für stabile Knochen brauchst. Wenn du keine Milchprodukte isst, musst du andere kalziumreiche Lebensmittel zu dir nehmen.

Schnittkäse

Er versorgt dich mit den Vitaminen A und B12 und mit den Mineralien Kalzium und Phosphor.

Smoothies

Fertig gekaufte Smoothies enthalten oft viel Zucker. Mach dir lieber aus Obst und Milch oder Joghurt selbst einen.

Pflanzliche Drinks

Wenn du statt Kuhmilch pflanzliche Drinks verwendest, nimm Sorten, die mit Kalzium und Vitamin D angereichert sind.

Würzzutaten

Basilikum
Die duftenden Blätter werden für italienische Gerichte und Pesto verwendet.

Koriander
Das Kraut wird für mexikanische Gerichte verwendet. Es schmeckt lecker in Dips und Salaten.

Minze
Die erfrischenden Blätter sind vielseitig. Sie schmecken in Getränken oder zu Gemüse.

Schnittlauch
Schmeckt wie milde Zwiebel. Prima für Dips mit Joghurt, Salate oder Suppen.

Petersilie
Ihr frischer Geschmack passt zu Eintöpfen und Reisgerichten.

Lorbeerblatt
Die Blätter geben einen würzigen Geschmack ab. Man kann sie nicht mitessen.

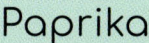

Kurkuma
Das duftende, leuchtend gelbe Gewürz wird für viele indische Gerichte verwendet.

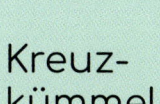

Paprika
Mit dem leicht scharfen Pulver kannst du viele Gerichte würzen.

Kreuzkümmel
Eine Prise dieses pikanten Gewürzes schmeckt gut in Currys.

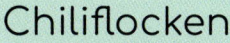

Chiliflocken
Sie schmecken feurig-scharf und werden am Anfang der Kochzeit zugegeben.

Salz
Eine Prise Salz verstärkt den Geschmack. Nimm aber nicht zu viel!

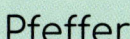

Pfeffer
Frisch gemahlener schwarzer Pfeffer passt zu vielen herzhaften Gerichten.

Essig
Für viele Salatdressings brauchst du Olivenöl und Essig.

Zitrone
Ein Schuss Zitronensaft schmeckt frisch und liefert Vitamin C.

Limette
Der frische Zitrusgeschmack passt gut zu scharfen Gerichten.

Sternanis
Anis verfeinert mit seinem Aroma vor allem asiatische Gerichte.

Zimt
Zimt passt zu süßen und zu herzhaften Speisen.

Knoblauch
Knoblauch und Zwiebeln passen zu allen herzhaften Gerichten.

Ingwer
Das scharfe Gewürz aus Asien schmeckt besonders gut in Wok-Gerichten.

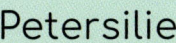

Kürbiskerne
Sie liefern Proteine, Zink, Eisen und ungesättigte Fettsäuren.

Mandeln
Sie sind reich an Kalzium: Wichtig für alle, die keine Milchprodukte essen.

Käse
Alle Käsesorten liefern neben Proteinen auch B-Vitamine, darunter auch Vitamin B12, und Kalzium.

Proteine

Achte darauf, verschiedene proteinreiche Lebensmittel zu essen, damit du mit allen wichtigen Aminosäuren gut versorgt bist.

Pistazien
Wie alle Nüsse enthalten sie Proteine und gesunde Fette, aber auch Eisen.

Erdnussmus
Es liefert Proteine, gesunde Fette, Eisen und B-Vitamine. Achtung: In Erdnusscreme oder Erdnussbutter sind oft Zucker und Zusatzstoffe enthalten.

Bohnen
Ob rot oder weiß: Sie sind reich an Proteinen. Drei gehäufte Esslöffel entsprechen einer Portion.

Cashewkerne
Sie liefern Zink, Vitamin E und K. Fein püriert sind sie eine cremige Grundlage für Dips und Dressings.

Kichererbsen

Getrocknete Kichererbsen werden eingeweicht. Kicher-erbsen aus der Dose sind genauso gesund. Du musst sie nur gründlich abspülen.

Milch

Sie enthält neben Proteinen auch Kalzium, das du für gesunde Knochen brauchst.

Linsen

Sie liefern Proteine und Ballaststoffe und sind gute Quellen für B-Vitamine und Eisen.

Pinienkerne

Sie enthalten Proteine sowie Vitamin E und K, das unter anderem wichtig für gesundes Blut ist.

Eier

Eier enthalten außer Proteinen auch die Vita-mine B12 und D und den Mine-ralstoff Jod.

Ballaststoffe

Obst und Gemüse

Ob frisch, gefroren oder getrocknet: Obst und Gemüse enthalten viele Ballaststoffe.

Haferflocken

Sie liefern beson-dere Ballaststoffe, die dein Herz und die Verdauung gesund halten.

Vollkornbrot

Vollkornbrot enthält mehr Ballaststoffe, Vitamine und Mine-ralstoffe als Brot aus Weißmehl.

Hülsenfrüchte

Alle Hülsenfrüchte, auch Hummus aus Kichererbsen, sind reich an Ballaststoffen.

Nüsse und Samen

Nüsse und Nussmus enthalten gesunde Ballaststoffe und versorgen dich mit gesunden Fetten.

Kartoffeln

Iss Kartoffeln am besten mit Schale, denn darin sit-zen die meisten Ballaststoffe.

Zum Frühstück

Greif zu!

Auch wenn du morgens keinen großen Hunger hast, solltest du gut frühstücken, damit du für den Tag gestärkt bist. Probiere das leckere Bircher-Müsli, die Avocadocreme, Gemüsepfannkuchen oder das absolut perfekte Frühstücksei.

Avocadocreme auf Toast

2 Personen
Vorbereiten:
10 Min.

Avocadocreme schmeckt toll und hält lange satt. Außerdem ist sie schnell gemacht. Wenn du nicht gern scharf isst, lass einfach die Chiliflocken weg.

Chiliflocken

Gib Avocado, Zitronensaft und Chiasamen in eine große Schüssel. Streue etwas Salz und Pfeffer darüber. Zerdrücke alles mit einer Gabel. Streiche die Creme auf das warme Brot. Zuletzt streust du Korianderblätter und Chiliflocken (wenn du magst) auf die Avocadocreme.

Salz und Pfeffer

Koriander

Sauerteigbrot

Zutaten:

2 Avocados, entkernt

Saft von 1 Zitrone

2 TL Chiasamen

Meersalz und schwarzer Pfeffer aus der Mühle

4 dicke Scheiben Sauerteigbrot, getoastet

1 Handvoll Koriandergrün

Chiliflocken zum Bestreuen (wenn du magst)

Avocado

Chiasamen

Zitrone

23

Rühreier

Wenn dir dieses Rezept gut gelingt, kannst du es mit Gewürzen oder weiteren Zutaten abwandeln.

Zutaten:

50 g Butter

2 Eier

4 EL Milch

Meersalz und schwarzer Pfeffer aus der Mühle

4 Scheiben Mehrkorn-Toast, getoastet, mit Butter bestrichen

2 TL Schnittlauchröllchen

2 Personen
Vorbereiten: 5 Min.
Garen: 5 Min.

1

Erhitze die Butter in einer beschichteten Pfanne, bis sie schäumt. Verrühre die Eier und die Milch in einer Schüssel. Gib etwas Salz und Pfeffer dazu.

2

Gieße die Eier in die heiße Butter. Warte einen Moment, bevor du sie vorsichtig mit einem Pfannenwender umrührst. Warte noch einmal, dann rühre wieder um.

Rühren!

3

Nimm die Pfanne vom Herd, solange die Rühreier noch weich aussehen und feucht glänzen. Sie werden in der heißen Pfanne noch etwas trockener. Rühre sie um und verteile sie auf den Toastscheiben. Zuletzt kannst du die Rührei-Brote mit Schnittlauchröllchen bestreuen.

Mangojoghurt mit Brotstreifen

2 Personen
Vorbereiten:
10-15 Min.

Saftige Mango schmeckt herrlich mit Joghurt. Mit etwas Honig oder gerösteten Kokos-spänen schmeckt dieses Früh-stück noch viel besser.

Joghurt

Fülle den Joghurt in zwei kleine Schüsseln. Gib die Mangowürfel darauf, bestreue alles mit Kokos-spänen und beträufle es mit Honig. Schneide die Hefezopfscheiben in Streifen und serviere sie mit dem fruchtigen Joghurt.

Kokosnuss

Hefezopf

Zutaten:

200 g griechischer Joghurt

1 Mango, halbiert, entkernt und gewürfelt

2 kleine Stücke frische Kokosnuss, in Späne gehobelt und geröstet (wenn du magst)

flüssiger Honig zum Beträufeln (wenn du magst)

2 Scheiben Hefezopf, leicht getoastet

Honig

Mango

Karotten-pfannkuchen

Durch Karotten werden diese Pfannkuchen schön knackig. Sie schmecken zum Frühstück, aber auch zum Nachtisch mit einer Kugel Vanilleeis sehr lecker.

12 Stück
Vorbereiten: 10 Min.
Garen: 15 Min.

1

Gib Mehl, Backpulver, Salz, Zucker und Zimt in eine große Schüssel. Mische alle Zutaten gründlich.

2

Verquirle in einer anderen Schüssel Eier und Milch. Gieße die Mischung zum Mehl und rühre um, bis ein Teig entsteht. Er soll keine Klümpchen haben.

3

Gib Rosinen und geraspelte Karotten zum Teig und rühre sie vorsichtig, aber gleichmäßig unter.

Zutaten:

175 g Mehl Type 405

2 TL Backpulver

1 Prise Meersalz

25 g Zucker

1 TL gemahlener Zimt

3 Eier

150 ml Milch

1 Handvoll Rosinen

2 Karotten, geraspelt und gut ausgedrückt

Pflanzenöl zum Braten

Ahornsirup zum Beträufeln

Vanilleeis zum Servieren (wenn sie als Nachtisch gegessen werden)

4

Erhitze etwas Öl in einer beschichteten Pfanne. Wenn es heiß ist, gib 1 Klecks Teig hinein. Wenn die Pfanne groß genug ist, kannst du drei Pfannkuchen gleichzeitig backen.

5

Backe die Pfannkuchen 2–3 Minuten. Drehe sie mit einem Pfannenwender um und backe sie weitere 2–3 Minuten. Lege sie auf einen Teller, bis alle Pfannkuchen fertig sind. Beträufle sie mit etwas Ahornsirup.

Wenden!

Goldbraun

Bircher Müsli

2 Personen
Vorbereiten:
15 Min.
Einweichen:
über Nacht

Für dieses süße Frühstück werden Haferflocken und Trockenfrüchte über Nacht in Apfelsaft eingeweicht und morgens mit frischen Früchten und Nüssen gemischt.

Milch

Himbeeren

Gib Haferflocken, Trockenfrüchte und Saft in eine große Schüssel. Lass die Mischung über Nacht stehen. Am nächsten Morgen rührst du den geraspelten Apfel und die Milch unter. Bestreue alles mit Mandeln. Gib einen Klecks Joghurt, die Himbeeren und etwas Honig darauf.

Aprikosen

Feigen

Joghurt

Honig

Zutaten:

50 g Haferflocken

2 EL gewürfelte getrocknete Aprikosen

2 EL gewürfelte getrocknete Feigen

8–10 EL Apfelsaft

1 Apfel, geraspelt

1 Schuss Milch

1 Handvoll Mandeln, grob gehackt

1 gehäufter EL griechischer Joghurt

1 Handvoll Himbeeren

flüssiger Honig

Haferflocken

Mandeln

Apfelsaft

Geraspelter Apfel

31

Pochierte Eier mit Gemüse und Soße

Diese pochierten Eier mit einer zitronigen Buttersoße schmecken wunderbar zum Sonntagsfrühstück.

2 Personen
Vorbereiten: 20 Min.
Garen: 20 Min.

1 Zerlasse für die Soße die Butter in einem kleinen Topf und stelle ihn dann zur Seite.

2

Zutaten:

60 g Butter

1 Eigelb

¼ TL weißer Balsamico-Essig

Meersalz

1 Spritzer Zitronensaft

200 g junger Spinat oder Kohl

2 Eier

4 halbe Toastbrötchen, getoastet

1 Prise Paprikapulver edelsüß, zum Bestreuen

Achtung: Die Eier sind nicht durchgegart.

Verrühre in einer hitzefesten Schüssel Eigelb, Balsamico-Essig, 1 Prise Salz und 1 Schuss eiskaltes Wasser. Setze nun die Schüssel auf einen Topf mit leicht kochendem Wasser und rühre, bis die Mischung dick wird. Vom Herd nehmen, Zitronensaft und Butter unterrühren. Zur Seite stellen.

3

4

Setze einen Durchschlag auf einen Topf mit leicht kochendem Wasser. Gib den Spinat oder Kohl und etwas Salz hinein. Lege den Deckel darauf und gare das Gemüse 2 Minuten. Stelle es zur Seite und halte es warm.

Schlage ein Ei in eine Tasse. Rühre in einem Topf mit kochendem Wasser, bis ein Strudel entsteht. Gib das Ei hinein und gare es 3–4 Minuten, bis das Eiweiß fest ist. Nimm es mit einem Schaumlöffel heraus. Pochiere das zweite Ei genauso.

5 Belege die getoasteten Brötchenhälften mit Gemüse und Ei. Gib etwas Soße darauf und bestreue alles mit Paprikapulver. Dann kannst du servieren.

Zum Snacken

Wenn du zwischendurch
ein bisschen Hunger hast,
greife zu Fladenbrot mit Dip,
Süßkartoffeln aus dem Ofen, Nachos,
Bananen-Chips oder chinesischen
Röllchen. Du kannst auch einfach
rohes Gemüse knabbern.

Fladenbrot mit Dips

Du kannst zum Fladenbrot einen Dip oder mehrere servieren. Welchen magst du am liebsten?

Zutaten:

175 g Mehl und etwas Mehl zum Arbeiten

3 TL Backpulver

175 g Joghurt

6 Stück

Vorbereiten: 25 Min.

Warten: 15 Min.

Garen: 25 Min.

1 Gib Mehl, Backpulver und Joghurt in eine große Schüssel und rühre gut um.

2 Knete alles mit den Händen zu einem Teig zusammen.

3 Streue etwas Mehl auf die Arbeitsfläche. Knete den Teig einige Minuten lang.

4 Lege den Teig in eine Schüssel und warte 15 Minuten. Halbiere den Teig, schneide jede Hälfte in drei Stücke und forme sie zu Kugeln.

Streue etwas Mehl auf die Arbeitsfläche. Rolle die Kugeln darauf zu Kreisen (10 cm) aus.

5 Lege die Kreise nacheinander in eine heiße Grillpfanne und backe sie von jeder Seite 2 Minuten hell goldbraun. Serviere sie warm zu den Dips.

Mixen!

Mischen

Ssss!

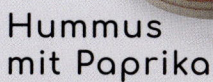

Cashew-Dip

Weiche 125 g Cashewkerne 2 Stunden in Wasser ein. Gib sie dann mit 100 ml gutem Olivenöl, 2 Knoblauchzehen, 1 EL Balsamico-Essig, Pfeffer und Salz in einen Mixer und verarbeite alles zu einer Paste. Falls diese zu fest ist, rühre etwas Wasser unter. Streue Schnittlauch darauf.

Auberginencreme

Stich 2 Auberginen rundherum mit einer Gabel ein und gare sie 15 Minuten unter dem Backofengrill. Abkühlen lassen und schälen. Mische das Fruchtfleisch mit 2 gehackten Knoblauchzehen, 1–2 EL Tahin, 2 EL Zitronensaft, 2 EL gutem Olivenöl, Pfeffer und Salz und püriere alles gründlich.

Hummus mit Paprika

Zerkleinere 350 g geröstete rote Paprikaschoten aus dem Glas, 2 Dosen (à 400 g) abgetropfte Kichererbsen, 2–3 EL gutes Olivenöl, 1 Prise gemahlenen Kreuzkümmel und 2 Knoblauchzehen in einem Mixer zu einer cremigen Paste. Verdünne sie mit Wasser, wenn sie zu fest ist.

Bananen-Chips mit Dips

Diese Chips kannst du prima vorbereiten. Deinen Freunden werden sie schmecken!

4 Personen
Vorbereiten:
15 Min.
Garen:
20 Min.

Zutaten:

2 grüne Kochbananen oder unreife grüne Bananen

2 TL gutes Olivenöl

Salz und schwarzer Pfeffer aus der Mühle

1

Heize den Backofen auf 200 °C vor. Schäle die Bananen und schneide sie in dünne Scheiben.

2

Mischen!

Lege einen Bogen Backpapier auf ein Backblech. Mische die Bananen in einer Schüssel mit dem Öl und den Gewürzen.

3

Backe die Bananen 20 Minuten, bis sie goldbraun sind und knusprig werden. Schütte sie in eine Schüssel und serviere sie mit den Dips.

Rühren!

Zitronensaft

Paprika

Knoblauch-Zitronen-Dip

Gib 200 g griechischen Joghurt, den Saft von 1 Bio-Zitrone, 1 Prise Meersalz, 1 Prise Paprikapulver edelsüß und 3 fein gehackte Knoblauchzehen in eine Schüssel. Rühre gut um. Fülle den Dip in eine Servierschüwssel und reibe etwas Zitronenschale darüber.

Rote Chilis

Limettensaft

Limetten-Chili-Mayonnaise

Hacke 1 Chilischote in feine Stücke. Verrühre den Saft von 1 Limette mit 1 TL Paprikapulver edelsüß, 6 EL Mayonnaise, der Chili, Salz und Pfeffer. Fülle den Dip in eine Servierschüssel und bestreue ihn mit etwas Paprikapulver.

Bulgur-Salat mit Früchten

Den bunten Salat mit marokkanischen Gewürzen kannst du gut vorbereiten. Warm schmeckt er am besten.

4 Personen
Vorbereiten:
30 Min.
Garen:
20 Min.

1

Gib den Bulgur mit etwas Salz in einen Topf und bedecke ihn 5 cm hoch mit kochendem Wasser. Schließe den Deckel und lass den Bulgur 5–6 Minuten leicht kochen. Schalte dann den Herd aus, aber warte einige Minuten, bevor du den Deckel abnimmst. Gib die Kichererbsen dazu und erwärme sie kurz im Bulgur, bevor du diesen mit einer Gabel auflockerst und in eine große Schüssel füllst.

Braten!

2

Erhitze das Öl in einer Pfanne. Brate die Zwiebel mit Pfeffer, Salz, Zimt und Kreuzkümmel 2–3 Minuten an. Rühre Knoblauch und Paprika unter und brate weiter, bis die Paprikawürfel weich werden. Dann rühre das Gemüse unter den Bulgur.

Zutaten:

300 g Bulgur

Meersalz und schwarzer Pfeffer aus der Mühle

400-g-Dose Kichererbsen, abgetropft und abgespült

1 EL gutes Olivenöl

1 rote Zwiebel, fein gehackt

1 Prise gemahlener Zimt

1 Prise gemahlener Kreuzkümmel

2 Knoblauchzehen, fein gehackt

1 rote und 1 gelbe Paprikaschote, entkernt und fein gehackt

1 Handvoll Rosinen

1 Handvoll Pistazienkerne, grob gehackt

1 Bund Koriandergrün, gehackt

1 Bund Minze, gehackt

2 Orangen, in kleine Stücke geschnitten

Für das Dressing

1 EL weißer Balsamico-Essig

3 EL gutes Olivenöl

Meersalz und schwarzer Pfeffer aus der Mühle

3

Gib dann Rosinen, Pistazien, Koriander und Minze dazu. Rühre gründlich um und probiere, ob noch etwas Salz oder Pfeffer fehlt.

4

Rühre das Dressing und die Orangenstücke unter den Salat. Serviere ihn warm.

Rühren!

Gib für das Dressing Essig und Öl, Salz und Pfeffer in eine kleine Schüssel und rühre kräftig um. Du kannst auch alles in ein Schraubglas geben und gut schütteln.

Chinesische Sommerrollen

24 Stück
Vorbereiten:
35 Min.
Einweichen:
15 Min.

Diese Röllchen sind kinderleicht zu machen, weil sie nicht gegart werden müssen. Probiere auch andere Füllungen aus!

1

Fülle eine große Schüssel mit kaltem Wasser und lege die Reispapier-Blätter nacheinander etwa 40 Sekunden hinein – aber immer nur eins, sonst kleben sie aneinander.

2

Fühle mit den Händen, ob sie weich werden. Sie dürfen nicht zu lange im Wasser liegen, sonst reißen sie. Lege das Reispapier auf ein sauberes, feuchtes Geschirrtuch.

3

Belege das Reispapier mit einigen Salatblättern, dann mit Bohnensprossen, Paprika, Karotten, Frühlingszwiebeln und Gurke. Streue Kräuter darüber.

Zutaten:

24 Blätter Reispapier (22 cm)

1 große Handvoll gemischte Salatblätter

200 g Sojabohnensprossen

2 rote Paprikaschoten, entkernt und in dünne Streifen geschnitten

2 Karotten, geschält und in dünne Streifen geschnitten

1 Bund Frühlingszwiebeln, halbiert und der Länge nach in dünne Streifen geschnitten

1 Salatgurke, der Länge nach halbiert, Kerne entfernt, in feine Streifen geschnitten

1 Handvoll frisches Basilikum

1 Handvoll frische Minze

Für den Dip

4 EL dunkle Sojasoße

2 Knoblauchzehen, fein gehackt

1 kleine rote Chilischote, fein gehackt

1 EL fein gehackter Ingwer

2 TL hellbrauner Zucker

Saft von 1 Limette

4

Lege eine Seite des Reispapiers über die Füllung.

5

Falte die obere und untere Seite nach innen. Rolle die Füllung fest in das Reispapier ein. Fülle alle Reispapier-Blätter.

Gib alle Zutaten für den Dip in eine Schüssel und rühre gut um. Zum Servieren schneidest du die Röllchen quer in Hälften und legst sie auf einen großen Teller. Den Dip füllst du in kleine Schüsseln.

Knabbergemüse mit Dips

6 Personen
Vorbereiten:
40 Min.

Rohes Gemüse sieht schön bunt aus und ist herrlich knackig. Für dieses Rezept eignen sich alle Gemüsesorten, die man roh essen kann. Probiere doch einmal Sorten aus, die du noch nicht kennst!

Fülle die Dips in kleine Schüsseln, stelle sie auf einen großen Teller oder ein Brett und serviere sie zu den Gemüsestäbchen.

Paprika

Verrühre in einer Schüssel 200 g saure Sahne, 1 Schuss Milch, 1 TL weißen Balsamico-Essig und 1 kleine Handvoll gehackte Kräuter (Schnittlauch, Petersilie und Dill). Würze den Dip mit Meersalz und frisch gemahlenem schwarzem Pfeffer.

Sahniger Kräuter-Dip

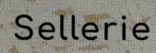

Sellerie

Joghurt-Dip mit Feta

Verrühre in einer Schüssel 200 g griechischen Joghurt, 200 g zerkrümelten Feta und den Saft von ½ Zitrone. Bestreue den Dip dann noch mit ein paar Chiliflocken und frisch gemahlenem schwarzem Pfeffer.

Zutaten:

3 Karotten, geschält und in Stifte geschnitten

3 Paprikaschoten (rot, gelb und orange), entkernt und in Streifen geschnitten

1 Bund Sellerie, geputzt und in Stifte geschnitten

1 Handvoll Zuckerschoten

1 Salatgurke, entkernt und in Stifte geschnitten

Gurke

Karotte

Zuckerschoten

Zerkleinere 300 g gekochte Rote Beten im Mixer zu einem feinen Püree. Gib 4 EL Crème fraîche oder Joghurt, 1 kleine Handvoll Minzeblätter, etwas Meersalz und frisch gemahlenen schwarzen Pfeffer dazu und mixe alles noch einmal gründlich, bis der Dip schön cremig geworden ist.

Rote-Bete-Dip mit Minze

Nachos
für alle

6 Personen
Vorbereiten:
35 Min.
Garen:
10 Min.

Eine Platte mit knusprigen Nachos, Bohnen, Salsa und geschmolzenem Käse ist genau richtig, wenn deine Freunde ordentlichen Hunger mitbringen.

Gut zu wissen!

Fünf Portionen Obst und Gemüse soll man am Tag essen. Eine Portion dieses Gerichts sind schon zwei davon und sie enthält fast ein Drittel der Ballaststoffe, die du pro Tag brauchst.

1

Heize den Backofen auf 200 °C vor. Pinsle ein Backblech mit etwas Öl ein. Lege die Tortilla-Dreiecke darauf und bestreue sie mit Paprikapulver. Backe sie 4–5 Minuten, bis sie hell goldbraun sind.

2

Gib die Avodacowürfel mit dem Zitronensaft in eine Schüssel und rühre um.

3

Verteile das Bohnenmus, Avocado und Jalapeño-Ringe (wenn du möchtest) auf den warmen Tortilla-Dreiecken. Streue den Käse darüber und schiebe das Blech in den Ofen, bis der Käse schmilzt.

Käse

Avocado

Bohnenmus

4

Verteile die Salsa und die saure Sahne auf den überbackenen Tortillas. Bestreue sie noch mit Koriander, wenn du magst. Serviere die Limettenschnitze dazu.

Zutaten:

½ EL gutes Olivenöl und etwas Öl für das Backblech

12 Vollkorn-Tortillas, in Dreiecke geschnitten

1 Prise Paprikapulver edelsüß

2 Avocados, entkernt und in kleine Würfel geschnitten

Saft von ½ Zitrone

400-g-Dose mexikanisches Bohnenmus

1 Jalapeño, in Ringe geschnitten (wenn du gern scharf isst)

150 g geriebener Käse

200 g saure Sahne zum Servieren

Korianderblätter zum Garnieren (wenn du magst)

Limettenschnitze zum Servieren

Für die Tomaten-Salsa

8 Tomaten, fein gewürfelt

1 kleine Zwiebel, gewürfelt

2 Knoblauchzehen, fein gehackt

1 rote Chilischote, halbiert, entkernt und fein gehackt

1 große Handvoll Korianderblätter, gehackt

Saft von ½ Limette

2–3 TL Balsamico-Essig

Meersalz und schwarzer Pfeffer aus der Mühle

Koriander

Tomate

Gib die Zutaten für die Salsa in eine Schüssel und rühre gut um.

Chili

Zwiebel

Knoblauch

Kräutermuffins mit Käse

10 Stück
Vorbereiten:
15 Min.
Garen: 20 Min.

Wenn du noch nicht so oft gebacken hast, sind diese Muffins genau das Richtige. Denn sie gelingen ganz bestimmt und schmecken sehr lecker.

1

Heize den Backofen auf 200 °C vor. Setze die Papierförmchen in das Muffinblech. Gib Mehl, Backpulver und den größten Teil des Käses in eine große Schüssel und mische alles.

2

Gib den Spinat in eine andere Schüssel. Decke ihn mit Frischhaltefolie ab und gare ihn 3 Minuten in der Mikrowelle. Abkühlen lassen, fein hacken und in einer Schüssel mit Butter, Milch, Eiern, Schnittlauch und Gewürzen verrühren.

3

Gib den Spinat zur Mehlmischung und rühre gut um. Es macht nichts, wenn der Teig kleine Klümpchen hat. Sie verschwinden beim Backen von ganz allein.

Zutaten:

175 g Mehl

2 ½ TL Backpulver

175 g geriebener Käse

100 g junger Spinat

30 g Butter, geschmolzen

100 ml Milch

3 Eier

1 Handvoll Schnittlauch, fein gehackt

Meersalz und schwarzer Pfeffer aus der Mühle

Besonderes Zubehör

12er Muffinblech

12 Papierförmchen

Backen!

4

Fülle die Papierförmchen mit dem Teig. Streue den restlichen Käse darüber und backe die Muffins 18–20 Minuten, bis sie schön aufgegangen sind. Am allerbesten schmecken sie warm!

Melonensalat mit Feta

4 Personen
Vorbereiten:
15 Min.

Dieser süß-salzige Salat ist ein tolles leichtes Mittagessen für heiße Sommertage.

Feta

Pinienkerne

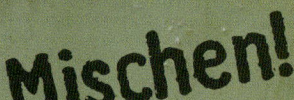

Mischen!

Gib Wassermelone, rote Zwiebel, Feta, Augenbohnen, Basilikum und zwei Drittel der Pinienkerne in eine große Schüssel. Mische alles vorsichtig. Verrühre in einer anderen Schüssel Öl, Zitronensaft, Salz und Pfeffer für das Dressing. Gieße das Dressing über den Salat und bestreue ihn mit den restlichen Pinienkernen.

Basilikum

Rote Zwiebel

Zutaten:

½ kleine Wassermelone, vorsichtig geschält, geviertelt, entkernt und gewürfelt

½ kleine rote Zwiebel, in dünne Ringe geschnitten

125 g Feta, zerbröselt

400-g-Dose Augenbohnen, abgespült und abgetropft

1 Handvoll Basilikumblätter, in Stücke gerissen

30 g Pinienkerne

Für das Dressing

2 TL Olivenöl

Saft von ½ Zitrone

Salz und schwarzer Pfeffer aus der Mühle

Augenbohnen

Wassermelone

Fitmacher-Pommes

Pommes mag jeder und diese stecken sogar voller gesunder Nährstoffe. Sie schmecken als Beilage zu einer Hauptmahlzeit oder einfach solo als Snack zwischendurch.

Zutaten:

400 g Pastinaken, geschält

400 g Süßkartoffeln, geschält

2 EL Olivenöl

2 Knoblauchzehen, zerdrückt

1 Prise Paprikapulver edlsüß

1 Prise Meersalz und schwarzer Pfeffer aus der Mühle

Mayonnaise zum Servieren

Tomatensoße zum Servieren

schneiden!

Entscheide selbst, wie dick oder dünn du die Pommes schneiden möchtest.

4 Personen
Vorbereiten: 15 Min.
Garen: 30 Min.

1 Heize den Backofen auf 200 °C vor. Schneide Pastinaken und Süßkartoffeln in lange Stifte.

2 Gib die Gemüsestifte mit Öl, Knoblauch, Paprikapulver, Salz und Pfeffer in eine große Schüssel. Rühre gründlich um.

3 Verteile die Pommes auf einem Backblech und backe sie in 20–30 Minuten goldbraun. Pass gut auf, dass sie nicht zu dunkel werden. Serviere sie warm mit Mayonnaise und Tomatensoße.

Zum Mittagessen

Dippen!

Nach der Schule brauchst du eine Mahlzeit, die dir Energie für den Nachmittag gibt. Wie wäre es mit italienischer Frittata, cremigem Risotto oder Nudeln mit Pesto? Sie alle machen satt und schmecken richtig lecker.

Gemüse-Wraps

Gibt es jemanden, der keine Wraps mag? Diese sehen mit der bunten Gemüsefüllung auch toll aus! Und Halloumi versorgt dich mit Kalzium, das Knochen und Zähne stärkt.

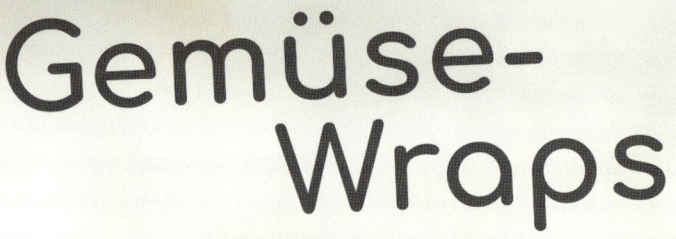

4 Personen
Vorbereiten: 35 Min.
Garen: 20 Min.

1

Heize den Backofen auf 200 °C vor. Gib Zwiebel und Paprika in einen Bräter. Bestreue sie mit Kreuzkümmel, Paprikapulver, Salz und Pfeffer. Träufle die Hälfte des Olivenöls darüber und mische alles. Gare das Gemüse 20 Minuten im Backofen.

2

Inzwischen mischst du die Halloumi-Scheiben mit dem restlichen Öl (1 EL). Erhitze eine Grillpfanne und brate die Scheiben von jeder Seite, bis sie braune Streifen haben. Nimm immer nur so viele, wie nebeneinander in die Pfanne passen.

3

Gib in die Mitte jeder Tortilla etwas Salat. Verteile darauf Zwiebeln und Paprika, Tomaten und Halloumi. Darauf gibst du etwas Chipotle-Soße, je 1 Klecks Guacamole und je 1 EL Joghurt und zuletzt etwas Limettensaft und Korianderblätter. Nimm nicht zu viel Füllung, sonst lassen sich die Wraps schlecht schließen.

4

Falte zuerst Ober- und Unterkante der Tortilla über die Füllung.

Klappe zuerst die eine Seitenkante über die Tortilla, und dann die andere.

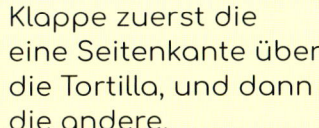

Drehe den Wrap um, sodass seine glatte Seite oben liegt. Jetzt kann serviert werden.

Für die Guacamole gibst du gehackte Avocados, Limettensaft, die Korianderblätter, Tomate und etwas Salz und Pfeffer in eine Schüssel. Zerdrücke alles mit einer Gabel, bis eine cremige Masse mit Stückchen entsteht. Decke die Guacamole mit Frischhaltefolie ab und stelle sie bis zum Essen in den Kühlschrank.

Risotto mit Perlgraupen

4 Personen

Vorbereiten:
25 Min.

Garen:
50 Min.

Normalerweise kocht man Risotto mit Reis. Es geht aber auch mit Perlgraupen, die schön nussig schmecken und Vegetarier mit wertvollen Nährstoffen wie Eisen, Kalzium, Jod und B-Vitaminen versorgen.

Schneide den Kürbis in Viertel, bevor du ihn schälst. Schabe die Kerne heraus und schneide das Fruchtfleisch in kleine Würfel. Lass dir dabei von einem Erwachsenen helfen, denn du musst mit einem sehr scharfen Messer arbeiten.

Zutaten:

1 Butternusskürbis, geschält, entkernt und gewürfelt

Salz und schwarzer Pfeffer aus der Mühle

2 EL gutes Olivenöl

1 Zwiebel, fein gehackt

2 Knoblauchzehen, fein gehackt

300 g Perlgraupen

1 Würfel Gemüsebrühe, in 1 l kochendem Wasser aufgelöst

1 Handvoll Spinat

1 Handvoll Basilikum, grob gehackt

1 Handvoll Pinienkerne oder ungesalzene Pistazienkerne, geröstet

2 EL geriebener Parmesan

1

Heize den Backofen auf 200 °C vor. Lege die Kürbiswürfel in einen Bräter, gib Salz, Pfeffer und die Hälfte des Öls darüber und mische alles. Gare den Kürbis 20–30 Minuten, bis er weich ist.

2

Erhitze das restliche Öl (1 EL) in einem großen Topf. Gib die Zwiebel dazu und gare sie 2 Minuten. Rühre Pfeffer, Salz und Knoblauch unter. Nach 1 Minute schüttest du die Perlgraupen in den Topf. Gut umrühren!

3

Gib die Hälfte der Brühe dazu und lass sie 5 Minuten kochen. Gieße die restliche Brühe (500 ml) dazu, lege den Deckel auf den Topf und lass die Graupen 30 Minuten leicht kochen, bis sie weich sind.

4

Rühre den Spinat unter. Wenn die Blätter zusammengefallen sind, gib Kürbis, Basilikum und Pinienkerne dazu. Streue kurz vor dem Servieren den Käse darüber.

Rühren!

Quesadillas

Queso ist das spanische Wort für Käse. Eine Zutat für dieses Gericht aus Mexiko kennst du nun schon. Auch die anderen werden dir schmecken!

4 Personen
Vorbereiten: 30 Min.
Garen: 45 Min.

Gut zu wissen!

Bohnen enthalten viele Proteine, darum sind sie gut für alle, die wenig Fleisch essen. Proteine sind für deine Gesundheit sehr wichtig.

1

Heize den Backofen auf 200 °C vor. Mische die Süßkartoffelwürfel in einem Bräter mit Salz, Pfeffer und der Hälfte des Olivenöls. Gare sie im Ofen 20 Minuten, bis sie weich sind.

2

Erhitze das restliche Öl (½ EL) in einer Pfanne. Brate darin Frühlingszwiebeln und Chili 2 Minuten bei mittlerer Hitze. Gib Süßkartoffeln, schwarze Bohnen, Salz und Pfeffer dazu. Gut umrühren und durchwärmen.

3

Stelle eine andere große Pfanne auf den Herd. Lege eine Tortilla hinein und erwärme sie bei mittlerer Hitze. Verteile ein Viertel der Füllung darauf. Streue Käse und Jalapeños darüber.

4

Lege eine zweite Tortilla darauf, drücke sie an und erhitze alles 3 Minuten.

5 Wende die Quesadilla und brate sie von der anderen Seite goldbraun. Nimm sie aus der Pfanne und schneide sie in Viertel. Brate die übrigen Quesadillas ebenso. Serviere sie mit etwas Salat.

Zutaten:

2 Süßkartoffeln, geschält und gewürfelt

Salz und schwarzer Pfeffer aus der Mühle

1 EL gutes Olivenöl

4 Frühlingszwiebeln, geputzt und fein gehackt

1 grüne Chilischote, entkernt und fein gehackt

400-g-Dose schwarze Bohnen, abgespült und abgetropft

8 Tortillas, aufgewärmt

1 große Handvoll geriebener Käse

Eingelegte Jalapeños, in Ringe geschnitten (wenn du magst)

Für den Salat

¼ Weißkohl, fein gehackt

1 Karotte, geraspelt

1 Apfel, geraspelt

2 EL gutes Olivenöl

3 EL weißer Balsamico-Essig

1 EL Ahornsirup

Chiliflocken zum Bestreuen (wenn du magst)

Mischen!

Für den Salat gibst du Weißkohl, Karotte und Apfel in eine große Schüssel. Verrühre in einer kleinen Schüssel Öl, Essig und Ahornsirup. Mische den Salat mit dem Dressing. Wenn du magst, bestreue ihn mit Chiliflocken.

Vegetarische Gyoza

18 Stück
Vorbereiten:
40 Min.
Warten: 20 Min.
Garen: 30 Min.

Gyoza ist der japanische Name dieser halbmondförmigen gefüllten Teigtaschen. Sie werden in einem Bambuskörbchen im Dampf gegart.

Zutaten:

300 g Mehl Type 405 und etwas Mehl zum Arbeiten

200 g Chinakohl

150 g Pilze

2 Frühlingszwiebeln

1 EL frisch geriebener Ingwer

1 EL dunkle Sojasoße

1 EL Limettensaft

1 kleines Ei, leicht verquirlt

Meersalz und schwarzer Pfeffer aus der Mühle

Für den Dip

2 EL dunkle Sojasoße

2 EL Limettensaft

1 TL Zucker

1 TL frisch geriebener Ingwer

Besonderes Zubehör

Dämpfkorb, am besten aus Bambus (ein Metallkorb geht auch)

1

Siebe das Mehl in eine große Schüssel. Gieße langsam 180 ml warmes Wasser dazu und rühre, bis ein Teig entsteht. Vielleicht brauchst du nicht das ganze Wasser.

2

Streue etwas Mehl auf die Arbeitsfläche. Knete den Teig darauf 5 Minuten lang. Decke ihn mit einem sauberen, feuchten Geschirrtuch ab und lass ihn 20 Minuten ruhen.

3

Für die Füllung zerhackst du Kohl, Pilze und Frühlingszwiebeln im Mixer. Gib das Gemüse in eine Schüssel und rühre Ingwer, Sojasoße, Limettensaft, Ei, Salz und Pfeffer unter.

4

Teile den Teig in drei Portionen. Streue Mehl auf die Arbeitsfläche und forme die Teigportionen darauf zu Rollen.

5

Schneide jede Rolle in sechs Scheiben. Jede soll 2 cm dick sein. Rolle dann die Scheiben zu Kreisen (10 cm) aus.

6

Gib auf jeden Teigkreis 1 gehäuften TL Füllung. Feuchte die Teigränder mit Wasser an und drücke sie so über der Füllung zusammen, dass Halbmonde entstehen.

7

Lege den Dämpfkorb mit Pergamentpapier aus. Setze sechs Gyoza darauf. Stelle den Korb in einen Wok mit kochendem Wasser. Das Wasser darf die Gyoza nicht berühren. Gare die Gyoza zugedeckt 8–10 Minuten. Gare die restlichen Gyoza genauso.

Verrühre alle Zutaten für den Dip in einer kleinen Schüssel. Serviere den Dip zu den Gyoza.

Kürbis-suppe

4 Personen
Vorbereiten:
20 Min.
Garen:
30 Min.

Am besten schmeckt diese cremige Suppe mit knusprig getoastetem Sauerteigbrot.

1

Erhitze das Öl in einem Topf. Gare Zwiebel, Sellerie und Lorbeerblatt darin 2 Minuten bei mittlerer Hitze. Gib dann Salz, Pfeffer, Knoblauch und Ingwer dazu und gare sie 1 Minute mit.

2

Gib die Kürbiswürfel dazu und rühre um. Gare sie 5 Minuten, bis sie weich werden. Ab und zu musst du rühren.

3

Gieße die Brühe dazu und koche sie auf. Gare das Gemüse 15 Minuten, bis es weich ist.

Zutaten:

1 EL gutes Olivenöl

1 Zwiebel, fein gehackt

2 Selleriestangen, fein gehackt

1 Lorbeerblatt

1 Prise Meersalz und schwarzer Pfeffer aus der Mühle

2 Knoblauchzehen, fein gehackt

1 EL frisch geriebener Ingwer

1 kg Kürbis, geschält, Fruchtfleisch gewürfelt

3–4 EL Kürbiskerne, geröstet

1 Würfel Gemüsebrühe, in 750 ml kochendem Wasser aufgelöst

4 Scheiben Sauerteigbrot, getoastet, zum Servieren

4

Nimm das Lorbeerblatt heraus. Fülle die Suppe in einen Mixer und püriere sie, bis sie cremig ist. Wenn sie zu dick ist, kannst du sie mit etwas heißem Wasser verdünnen. Streue vor dem Servieren die gerösteten Kürbiskerne auf die Suppe.

Schneide den Kürbis zuerst in Viertel. Dann kannst du ihn besser schälen. Dabei musst du mit einem sehr scharfen Messer arbeiten. Lass dir lieber von einem Erwachsenen helfen. Wenn du einen **Hokkaido-Kürbis** verwendest, musst du ihn nicht schälen. Wasche ihn vor dem Schneiden nur gründlich.

Pürieren!

65

Gemüse-Frittata

4 Personen
Vorbereiten:
25 Min.
Garen: 36 Min.

Eine Frittata ist ein italienisches Omelett. Für die Füllung kannst du auch dein Lieblings-gemüse verwenden.

Zutaten:

1–2 EL gutes Olivenöl

1 rote Zwiebel, grob gehackt

Meersalz und schwarzer Pfeffer aus der Mühle

½ Butternusskürbis, geschält, entkernt und in kleine Würfel geschnitten

150 g Pilze, in Scheiben geschnitten

1 große Handvoll junger Grünkohl

1 große Handvoll Spinat

6 Eier

1 Handvoll geriebener Hartkäse

1

Erhitze das Olivenöl in einer ofenfesten, beschichteten Pfanne. Gib die Zwiebel zusammen mit Salz und Pfeffer dazu und gare sie dann 3–4 Minuten bei mittlerer Hitze, bis sie weich wird.

2

Gib den Kürbis dazu und gare ihn 8–10 Minuten, bis er weich ist. Wenn er trocken aussieht, träufle vorsichtig etwas Öl in die Pfanne.

3

Schiebe den Kürbis etwas zur Seite und gib die Pilze auf der freien Seite in die Pfanne. Brate die Pilze 3 Minuten.

4

Rühre den Grünkohl unter. Lege den Deckel auf und gare den Kohl 5 Minuten. Dann gib den Spinat dazu und gare ihn 2 Minuten, bis die Blätter zusammenfallen.

5

Schalte den Backofengrill ein. Verrühre Eier, Käse, etwas Pfeffer und Salz in einer Schüssel. Gieße die Eiermischung gleichmäßig über das Gemüse und gare es bei schwacher Hitze 5–6 Minuten auf dem Herd. Am Pfannenrand wird das Gemüse zuerst gar, in der Mitte später.

6

Schiebe die Pfanne unter den heißen Backofengrill. Überbacke die Frittata 5–6 Minuten, bis sie fest und goldbraun ist. Lass sie 5 Minuten abkühlen. Löse den Rand mit einem Messer, stürze sie auf einen Teller und schneide sie in Stücke.

Schneide den Kürbis zuerst in Viertel. Dann kannst du ihn schälen, die Kerne herausschaben und das Fruchtfleisch würfeln. Dabei musst du mit einem sehr scharfen Messer arbeiten. Lass dir lieber von einem Erwachsenen helfen.

Pasta mit Pesto

4 Personen
Vorbereiten:
20 Min.
Garen: 15 Min.

Selbstgemachtes Pesto schmeckt wunderbar frisch. Und dabei ist es kinderleicht und im Handumdrehen fix und fertig.

Zutaten:

1 große Handvoll Basilikum

2 EL Pinienkerne, leicht geröstet

2 Knoblauchzehen

1 Prise Meersalz und schwarzer Pfeffer aus der Mühle

100 g würziger Hartkäse, gerieben

200 ml gutes Olivenöl

400 g Nudeln (deine Lieblingssorte)

1 Gib Basilikum, Pinienkerne, Knoblauch und Gewürze in einen Mixer. Zerkleinere alles zu einer Paste.

Mixen!

2 Gib den Käse dazu und mixe die Paste noch einmal.

3 Lass den Mixer weiterlaufen und träufle langsam das Olivenöl dazu, bis die Paste dickflüssig wie eine Soße ist.

4 Bringe reichlich Salzwasser in einem Topf zum Kochen und gib die Nudeln hinein. Koche sie so lange, wie auf der Packung angegeben ist, bis sie bissfest sind.

5 Gieße die Nudeln vorsichtig ab. Fülle sie wieder in den Topf, gib das Pesto dazu und rühre gut um. Schon fertig!

Dhal mit Paratha-Brot

Dieses Gericht kommt aus Indien. Es ist würzig, aber nicht zu scharf. Mit dem Brot kannst du die Soße auftunken.

Zutaten:

Für das Paratha-Brot

125 g Vollkornmehl

125 g Mehl Type 405

1 Prise Meersalz

4 EL Pflanzenöl

70 g Reismehl zum Arbeiten

Für das Dhal

200 g rote Linsen, abgespült und abgetropft

Meersalz und schwarzer Pfeffer aus der Mühle

1 EL gutes Olivenöl

1 Zwiebel, fein gehackt

2 Knoblauchzehen, fein gehackt

1 EL frisch geriebener Ingwer

1 rote Chilischote, fein gehackt

2 TL Kurkuma, gemahlen

400-g-Dose gewürfelte Tomaten

1 Handvoll Koriandergrün, grob gehackt

Zitronenschnitze zum Servieren

4 Personen
Vorbereiten: 25 Min.
Warten: 15 Min.
Garen: 50 Min.

1

Gib beide Mehlsorten und Salz in eine Schüssel. Drücke eine Vertiefung in die Mitte und fülle 2 EL Öl hinein. Mische Mehl und Öl, gieße 160 ml warmes Wasser dazu und verknete alles zu einem Teig.

2

Rollen!

Wenn der Teig zu trocken ist, nimm etwas mehr Wasser. Forme eine Kugel, wälze sie in 1 TL Öl, lege sie in eine Schüssel und decke sie mit Frischhaltefolie zu. Warte 15 Minuten.

Kneten!

3

Knete den Teig 1 Minute. Teile ihn und forme aus jeder Hälfte eine dicke Rolle. Reiße jede in vier Stücke, forme wieder Kugeln und drücke sie flach.

4

Streue etwas Reismehl auf die Arbeitsfläche und rolle die Kugeln zu Kreisen (10 cm) aus. Pinsele sie mit etwas Öl ein und falte sie zu Vierteln. Rolle sie wieder aus.

5

Erhitze eine Gusseisenpfanne. Backe jeden Teigkreis bei mittlerer Hitze 1 Minute, bis du Blasen siehst. Wende ihn und backe die andere Seite.

6

Gib die Linsen mit 750 ml Wasser, Salz und Pfeffer in einen Topf. Koche sie bei schwacher Hitze 20 Minuten, bis sie weich sind.

7

Erhitze das Öl in einer großen Pfanne. Gib die Zwiebel zusammen mit Pfeffer und Salz dazu und brate sie bei mittlerer Hitze 2-3 Minuten. Rühre Knoblauch, Ingwer, Chili und Kurkuma unter.

8

Gieße die Tomaten dazu und gare alles bei schwacher Hitze 10 Minuten. Rühre dann die Tomatenmischung unter die Linsen und streue den Koriander darüber.

Japanische Gemüseröllchen

12 Stück
Vorbereiten:
20 Min.
Garen: 10 Min.
Warten: 10 Min.

Diese kleinen Röllchen sehen aus wie Sushi. Die Reisfüllung wird mit etwas weißem Balsamico-Essig gewürzt.

Tunke die Röllchen in Sojasoße. Wenn du gern scharf isst, kannst du auch Wasabi unter den Reis mischen.

Gut zu wissen!
Sushi-Reis enthält viele Kohlenhydrate, aber wenig Ballaststoffe. Das Gemüse steuert Ballaststoffe, Vitamine und Mineralien bei.

1

Schütte den Reis in ein Sieb und spüle ihn unter kaltem Wasser so lange ab, bis das Wasser ganz klar bleibt.

2

Gib den Reis in einen Topf. Gieße 180 ml kaltes Wasser dazu, bringe es zum Kochen und lege den Deckel auf. Lass den Reis 10 Minuten kochen.

3

Lass den Topf mit geschlossenem Deckel noch 10 Minuten stehen. Gib den Reis in eine flache Schüssel und träufele den Essig darüber.

Zutaten:

125 g Sushi-Reis

1 TL weißer Balsamico-Essig

1 große Salatgurke

Für die Füllung

6 EL Frischkäse

4 EL geraspelte Karotte, mit Küchenpapier abgetrocknet

½ rote oder gelbe Paprikaschote, gewürfelt

1 EL Rosinen

Meersalz und schwarzer Pfeffer aus der Mühle

1 EL dunkle Sojasoße zum Servieren

4

Schneide mit einem Sparschäler zwölf große Scheiben von der Gurke. Trockne sie mit Küchenpapier gut ab.

5

Verteile den Reis in der Mitte der Gurkenscheiben.

Verrühre für die Füllung Frischkäse, Karotte, Paprika und Rosinen. Salz und Pfeffer nicht vergessen.

Bestreichen!

Aufrollen!

Gib auf jede Gurke etwas Frischkäsefüllung, aber nicht zu viel. Rolle die Gurkenscheiben auf. Stelle in einer kleinen Schüssel Sojasoße zum Dippen bereit.

Zum Trinken

Fruchtig frisch

Starte mit einem Protein-Shake in den Tag, probiere einen Mango-Lassi zu einem herzhaften Gericht oder wärme dich im Winter mit einer heißen Schokolade auf. Wenn du etwas zu feiern hast, kannst du kunterbunte Frucht-Cocktails servieren.

Geschüttelt!

Frucht-Mandel-Shake

2-4 Personen
Vorbereiten: 5 Min.

Das Geheimnis dieses Shakes ist das Mandelmus. Es schmeckt köstlich und enthält Proteine und Ballaststoffe.

Gut zu wissen!

1 EL Mandelmus enthält etwa 3 g Proteine. Außerdem stecken darin Eisen, Ballast-stoffe und gesunde Fette.

1

Gib alle Zutaten in einen Mixer.

2 Mixe die Mischung, bis sie keine Stückchen mehr enthält.

Mixen!

3

Am besten trinkst du den Shake ganz frisch. Du kannst ihn aber auch über Nacht in den Kühlschrank stellen.

Zutaten:

150 g gemischte Beeren (frisch oder gefroren)

1 kleine Banane, in Stücke geschnitten

300 ml Mandeldrink oder Milch

2 EL Mandelmus

2 EL zarte Haferflocken

1 kleine Handvoll Mandeln oder Cashewkerne

Du kannst auch andere Früchte nehmen!

Tausche die Beeren gegen dein Lieblingsobst aus.

Kiwi

Mango

Ananas

Fruchtige Drinks

Diese erfrischenden Drinks sind genau richtig für heiße Sommertage.

4 Personen
Vorbereiten:
15 Min.

Pfirsichtraum

4 Personen
Vorbereiten:
15 Min.

Gurken-Drink

4-6 Personen
Vorbereiten:
15 Min.

Melonen-Fizz

Gurken-Drink

½ Bio-Salatgurke, in dünne Scheiben geschnitten, und einige Scheiben zum Garnieren

2 Kiwis, geschält und gehackt

1 Bio-Limette, gehackt

1 Handvoll Minzeblätter und einige Blätter zum Garnieren

1 Handvoll Eiswürfel

600 ml Tonic-Water

Besonderes Zubehör

Holzstampfer

stampfen!

Verteile Gurke, Kiwis, Limette und Minze in die Gläser. Stampfe und rühre mit dem Holzstampfer, bis die Mischung duftet.

Gib Eiswürfel dazu und fülle die Gläser mit Tonic-Water auf. Garniere den Drink mit einigen Gurkenscheiben und Minzeblättern.

Melonen-Fizz

1 Wassermelone, geviertelt, geschält, entkernt und gewürfelt

2 Bio-Limetten, gehackt (einige dünne Scheiben zum Garnieren aufbewahren)

6 TL Zucker

1 Handvoll Erdbeeren, grob gehackt (einige Scheiben zum Garnieren aufbewahren)

1 Handvoll Eiswürfel

500 ml Mineralwasser mit Kohlensäure

1 Handvoll Minzeblätter zum Garnieren

Püriere Wassermelone und Limetten im Mixer. Schütte nun den Zucker auf einen Teller und verteile ihn.

Feuchte die Ränder der Gläser an und drücke sie in den Zucker. Gieße das Fruchtpüree in die Gläser. Gib Erdbeeren, Eiswürfel und Wasser dazu. Garniere den Drink mit Minze und Erdbeerscheiben.

Pfirsichtraum

Einige Minzeblätter

Saft von 1 Limette

1 kleine frische Ananas, geschält und grob gehackt (einige Stücke mit Schale zum Garnieren aufbewahren)

2 Pfirsiche, entsteint und gehackt

1 Handvoll zerstoßenes Eis

900 ml Mineralwasser mit Kohlensäure

Besonderes Zubehör

Holzstampfer

Mixen!

Stampfe Minze und Limettensaft in den Gläsern. Püriere die Ananas im Mixer.

Gib Ananas, Pfirsiche, Eis und Mineralwasser in die Gläser. Garniere sie mit Ananas.

Heiße Hafer-schokolade

2 Personen
Vorbereiten: 10 Min.
Abkühlen: 10 Min.
Garen: 10 Min.

Kakao mal anders: mit Hafer-drink! Prima zum Aufwärmen von innen an kalten Tagen.

Gut zu wissen!
Hafermilch enthält wenig gesättigte Fette, aber den Ballaststoff Beta-Glukan, der dein Herz schützt.

1

Erhitze den Haferdrink mit der Zimtstange in einem Topf, bis er fast kocht. Nimm den Topf vom Herd. Lass den Drink 10 Minuten abkühlen. Nimm die Zimtstange heraus.

Zutaten:

250 ml Haferdrink

1 Zimtstange

50 g dunkle Schokolade (70 % Kakao oder mehr), in Stücke gebrochen

25 g Vollmilchschokolade, in Stücke gebrochen

Vegane Mini-Marshmallows zum Servieren

1 Handvoll geraspelte dunkle Schokolade zum Bestreuen

2

Stelle eine hitzebeständige Schüssel auf einen Topf mit kochendem Wasser. Gib die Schokolade hinein und lass sie schmelzen. Rühre dabei immer wieder um.

Rühren!

3

Stelle den Topf mit dem Haferdrink wieder auf den Herd. Gib die flüssige Schokolade dazu und rühre gut um. Gieße die heiße Schokolade in zwei Becher. Garniere sie mit Marshmallows und geraspelter Schokolade.

Mango-Lassi

Dieses erfrischende Getränk kommt aus Indien. Am besten schmeckt es gut gekühlt.

4 Personen
Vorbereiten:
15 Min.

Gut zu wissen!
Joghurt und Milch versorgen dich mit Kalzium, das du für starke Knochen brauchst. Außerdem enthalten sie die Vitamine B2 und B12.

1

Pürieren!

Püriere Mango, Milch und Joghurt im Mixer so lange, bis keine Stückchen mehr zu sehen sind.

Zutaten:

2 Mangos, geschält, entkernt, Fruchtfleisch grob gehackt

200 ml Milch

300 g Joghurt

1 Handvoll Eiswürfel

2 Gib die Eiswürfel dazu und mixe noch einmal.

Mixen!

Du kannst auch andere Früchte nehmen!

Tausche die Mango gegen deine Lieblingsfrucht aus.

Avocado

Pfirsiche

3

Wenn der Drink zu dick ist, rühre noch etwas Milch unter. Dann kannst du ihn in Gläser füllen.

Erdbeeren

Zum Abendessen

Hoch gestapelt!

In diesem Kapitel findest du Rezepte für den größeren Hunger. Überrasche deine Freunde mit vegetarischen Burgern oder verwöhne deine Familie mit einem Curry. Vielleicht entdeckst du ein neues Lieblingsgericht?

Süßkartoffel-Lasagne

4 Personen
Vorbereiten:
45 Min.
Garen:
1 Std. 25 Min.

Statt Nudelplatten werden für diese Lasagne Süßkartoffeln verwendet. Auch die Füllung aus Linsen und Pilzen schmeckt toll und ist gesund.

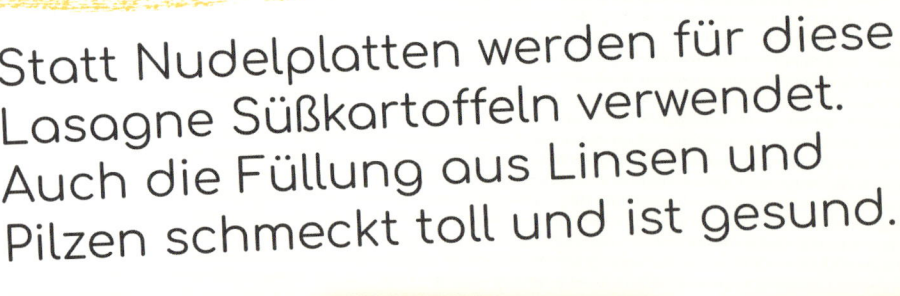

1

Heize den Backofen auf 200 °C vor. Lege die Kartoffelscheiben in einen Topf mit Salzwasser, bringe sie zum Kochen und gare sie 3 Minuten bei schwacher Hitze. Abtropfen lassen.

2

Erhitze das Öl in einer großen Pfanne. Brate die Zwiebel, Salz und Pfeffer darin 2 Minuten bei mittlerer Hitze. Gib Knoblauch und Oregano dazu und gare beides einige Sekunden mit.

3

Rühre die Champignons unter die Zwiebel und brate sie 5–6 Minuten, bis sie weich werden und Saft abgeben.

4

Gib Tomaten, 400 ml kochendes Wasser und die Linsen zu. Bringe alles zum Kochen. Dann muss das Gemüse bei schwacher Hitze 15 Minuten garen, bis die Soße dickflüssig wird.

5

Fülle ein Drittel der Linsen in eine Lasagneform. Lege darauf eine Schicht Süßkartoffeln und streiche etwas Ricotta darauf. Das wiederholst du noch zweimal.

6

Bestreue die Lasagne mit Käse. Decke sie mit Alufolie ab und backe sie 1 Stunde im Ofen. Nimm in den letzten 10 Minuten die Alufolie ab, damit die Oberfläche schön braun wird.

Zutaten:

4 Süßkartoffeln, geschält und in dünne Scheiben geschnitten

Meersalz

1 EL gutes Olivenöl

1 Zwiebel, fein gehackt

Schwarzer Pfeffer aus der Mühle

2 Knoblauchzehen, fein gehackt

1 Prise getrockneter Oregano

250 g braune Champignons, fein gehackt

400-g-Dose gewürfelte Tomaten

400-g-Dose braune Linsen, abgespült und abgetropft

250 g Ricotta

50 g Hartkäse, gerieben

Reiben!

Grüner Bohnentopf

4 Personen
Vorbereiten:
15 Min.
Garen:
1 Std. 25 Min.

Für dieses leckere Gericht werden zarte grüne Bohnen, Tomaten, Kartoffeln und würzige Kräuter zusammen gegart. Bohnen sind tolle Protein-Lieferanten.

1

Erhitze das Öl in einem großen Topf. Brate die Zwiebel, Salz und Pfeffer darin 2 Minuten bei mittlerer Hitze. Gib den Knoblauch dazu und gare ihn 1 Minute mit. Streue Paprikapulver darüber.

2

Gib Kartoffeln, Bohnen und Tomaten zu und rühre gut um.

Gründlich umrühren!

3

Gieße die Brühe dazu, bringe sie zum Kochen und schalte den Herd herunter. Lege den Deckel auf und gare das Gemüse 45 Minuten.

4

Gib Erbsen, Dill und etwas Salz und Pfeffer dazu. Noch 5 Minuten garen, dann kannst du den Bohnentopf in eine Servierschüssel füllen und warm halten.

Zutaten:

1 EL gutes Olivenöl

1 Zwiebel, fein gehackt

1 Prise Meersalz und schwarzer Pfeffer aus der Mühle

2 Knoblauchzehen, fein gehackt

2 TL Paprikapulver edelsüß

250 g junge Kartoffeln, große halbiert

200 g grüne Bohnen, geputzt und halbiert

1 große Handvoll Kirschtomaten

1 Würfel Gemüsebrühe, in 750 ml kochendem Wasser aufgelöst

1 Handvoll gefrorene Erbsen, aufgetaut

1 Handvoll Dill, gehackt

250 g Naturreis zum Servieren

5

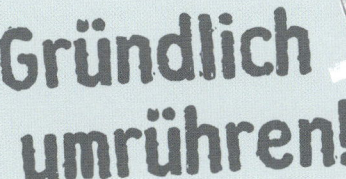

Koche den Reis. Wie lange es dauert, steht auf der Packung. Serviere den Reis als Beilage zum Bohnentopf.

Gut zu wissen!

Dieses Gericht enthält Ballaststoffe und viele Vitamine und Mineralien. Für eine Extraportion Proteine kannst du es noch mit geriebenem Käse bestreuen.

Süßkartoffel-Falafel

30 Stück
Vorbereiten: 20 Min.
Garen: 50 Min.

Falafel kommen aus dem Nahen Osten, werden aber überall auf der Welt gern gegessen. Vielleicht entdeckst du hier ein neues Lieblingsgericht!

Pitabrot

Joghurt-Dip mit Minze

Gut zu wissen!

In einer kleinen Süßkartoffel steckt etwa die Hälfte des Vitamin A, das du am Tag brauchst. Es ist wichtig für gesunde Haut und gute Augen.

1

Heize den Backofen auf 200 °C vor. Stich die Süßkartoffel mehrmals mit einer Gabel ein, lege sie auf ein Backblech und backe sie 40 Minuten. Lass sie etwas abkühlen. Schalte den Backofen aber nicht aus.

Zutaten:

1 mittelgroße Süßkartoffel (etwa 250 g)

400-g-Dose Kichererbsen, abgespült und abgetropft

1 Knoblauchzehe, zerdrückt

1 TL gemahlener Kreuzkümmel

2 TL gemahlener Koriander

1 TL Rauchpaprikapulver

1 TL Salz

1 TL schwarzer Pfeffer aus der Mühle

2 EL gehackte glatte Petersilie

1 TL Backpulver

2 TL Zitronensaft

2 EL Mehl Type 405

4 EL heller Sesam

Pitabrot zum Servieren

Grüner Salat zum Servieren

Für den Joghurt-Dip

100 g fettarmer Joghurt

2 EL frisch gehackte Minze

¼ Gurke, fein gehackt

2

Kichererbsen

Gemahlener Kreuzkümmel

Kichererbsen, Knoblauch, Gewürze und Petersilie werden im Mixer grob gehackt.

Rauchpaprikapulver

Glatte Petersilie

3

Pelle die Süßkartoffel und hacke sie grob. Gib sie mit Backpulver, Zitronensaft und Mehl ebenfalls in den Mixer. Mixe alles gründlich durch.

4

Forme aus der Masse 30 Kugeln. Wälze sie in Sesam, lege sie auf ein Blech und backe sie 10 Minuten im Ofen.

Sesam

5

Mischen!

Joghurt

Gurke

Minze

Verrühre die Zutaten für den Dip. Serviere die Falafel mit warmem Pitabrot, Salat und Dip.

Pizzateig

Für 4 Pizzas
Vorbereiten: 20 Min.
Warten:
1 Std. 30 Min.

Wenn du den Teig vorbereitet und die Tomatensoße gekocht hast, kannst du dir auf der nächsten Seite einen leckeren Belag aussuchen.

Zutaten:

500 g Mehl Type 550 und etwas Mehl zum Arbeiten

1 Prise Meersalz

1 Tütchen Trockenhefe

3 EL gutes Olivenöl und etwas Öl für die Schüssel

1

Gib Mehl, Salz und Hefe in die Schüssel der Küchenmaschine. Rühre mit den Knethaken um. Gib dabei langsam das Öl und 300 ml lauwarmes Wasser dazu.

2

Rühre langsam weiter, bis der Teig zusammenhält. Dann knete den Teig 5 Minuten auf schneller Stufe, bis er eine glatte Kugel bildet und gegen die Schüsselwand klatscht.

3

Streue etwas Mehl auf die Arbeitsfläche und knete den Teig mit den Händen. Wenn er klebt, knete etwas Mehl unter, aber nicht zu viel. Knete etwa 10 Minuten, bis sich der Teig glatt und geschmeidig anfühlt.

4

Fette eine Schüssel mit etwas Olivenöl. Lege den Teig hinein, decke ihn mit Frischhaltefolie ab und stelle ihn 1 Stunde an einen warmen Platz. In der Zeit verdoppelt sich seine Größe.

5

Streue etwas Mehl auf die Arbeitsfläche und drücke den Teig zusammen. Teile ihn in Viertel. Decke ihn wieder mit Frischhaltefolie ab und lass ihn 30 Minuten ruhen, bis sich die Größe wieder verdoppelt hat. Dann kannst du ihn ausrollen.

Wenn dein Pizzateig aufgegangen ist (Schritt 4), kannst du ihn einen Monat lang einfrieren. Wickle die Teigkugeln dafür in Frischhaltefolie. Lass ihn über Nacht im Kühlschrank auftauen und lege ihn an einen warmen Platz, bis er doppelt so groß ist. Dann geht es mit Schritt 5 weiter.

Für die Tomatensoße erhitzt du 1 TL Olivenöl in einer großen Pfanne. Brate darin eine gehackte Zwiebel und zwei gehackte Knoblauchzehen 2 Minuten bei mittlerer Hitze. Würze alles mit Salz und Pfeffer.

Gib zwei Dosen (à 400 g) Tomaten dazu. Lasse sie 5 Minuten kochen und zerdrücke sie dabei mit einem Kochlöffel. Rühre 2 TL Tomatenmark unter und lass die Soße noch 10–15 Minuten köcheln, bis sie andickt. Du kannst noch 1 Prise getrockneten Oregano unterrühren.

Drei Beläge für Pizza

Reicht für je 1 Pizza
Vorbereiten: 10 Min.
Garen: 15 Min.

Wenn Pizzateig und Tomatensoße fertig sind, muss die Pizza noch mit leckeren Zutaten belegt werden.

Streue etwas Mehl auf die Arbeitsfläche und rolle eine Teigkugel dünn aus. Drehe den Teig ab und zu und dehne ihn, bis du einen großen runden Kreis aus Teig hast.

Pizza bianca

Heize den Backofen auf 220 °C vor. Lege den Spinat in eine Schüssel, decke ihn mit Frischhaltefolie ab und gare ihn 1–2 Minuten in der Mikrowelle, bis er zusammenfällt. Lass ihn abkühlen und drücke ihn gut aus. Lege einen Pizzaboden auf ein Backblech. Bestreiche ihn mit Olivenöl, bestreue ihn mit Meersalz und verteile den Spinat darauf. Lass einen 2 cm breiten Rand frei. Verteile Knoblauchscheiben und Ricotta auf der Pizza. Beträufle sie mit etwas Olivenöl und würze mit Salz, Pfeffer und Chiliflocken (wenn du magst). Backe sie 10–15 Minuten, bis der Rand knusprig ist und der Belag brodelt.

Pilze und Zucchini

Heize den Backofen auf 220°C vor. Lege einen Pizzaboden auf ein Backblech und bestreiche ihn mit Tomatensoße. Lass einen 2 cm breiten Rand frei. Verteile Pilze, Zucchinischeiben und geriebenen Käse auf der Pizza. Träufle Olivenöl darauf und würze sie mit schwarzem Pfeffer. Backe sie 10–15 Minuten, bis der Rand knusprig ist und der Belag brodelt.

Zutaten:

Pizza bianca (für 1 Pizza)

2 große Handvoll Spinat

Gutes Olivenöl

1 Prise Meersalz

2 Knoblauchzehen, in dünne Scheiben geschnitten

3–4 EL Ricotta

Schwarzer Pfeffer aus der Mühle

Chiliflocken zum Bestreuen (wenn du magst)

Pesto und getrocknete Tomaten (für 1 Pizza)

3 EL Tomatensoße

2 EL Pesto

6 sonnengetrocknete Tomaten, gehackt

½ Kugel Mozzarella, in kleine Stücke gerissen

Gutes Olivenöl

Schwarzer Pfeffer aus der Mühle

Pilze und Zucchini (für 1 Pizza)

3 EL Tomatensoße

1 Handvoll Pilze, in dünne Scheiben geschnitten

1 mittelgroße Zucchini, mit einem Sparschäler längs in dünne Scheiben geschnitten

125 g Hartkäse (oder Mozzarella), gerieben

Gutes Olivenöl

Schwarzer Pfeffer aus der Mühle

Pesto und getrocknete Tomaten

Heize den Backofen auf 220°C vor. Lege einen Pizzaboden auf ein Backblech und bestreiche ihn mit Tomatensoße. Lass einen 2 cm breiten Rand frei. Setze Pesto-Kleckse auf die Pizza. Bestreue sie mit getrockneten Tomaten und Mozzarella. Träufle Olivenöl darauf und würze sie mit schwarzem Pfeffer. Backe sie 10–15 Minuten, bis der Rand knusprig ist und der Belag brodelt.

Calzone mit Gemüse

4 Stück
Vorbereiten: 30 Min.
Warten: 2 Std. 30 Min.
Garen: 20 Min.

Eine Calzone ist eine Tasche aus Pizzateig, in der eine Überraschung steckt. Nimm nicht zu viel Füllung, sonst quillt sie heraus.

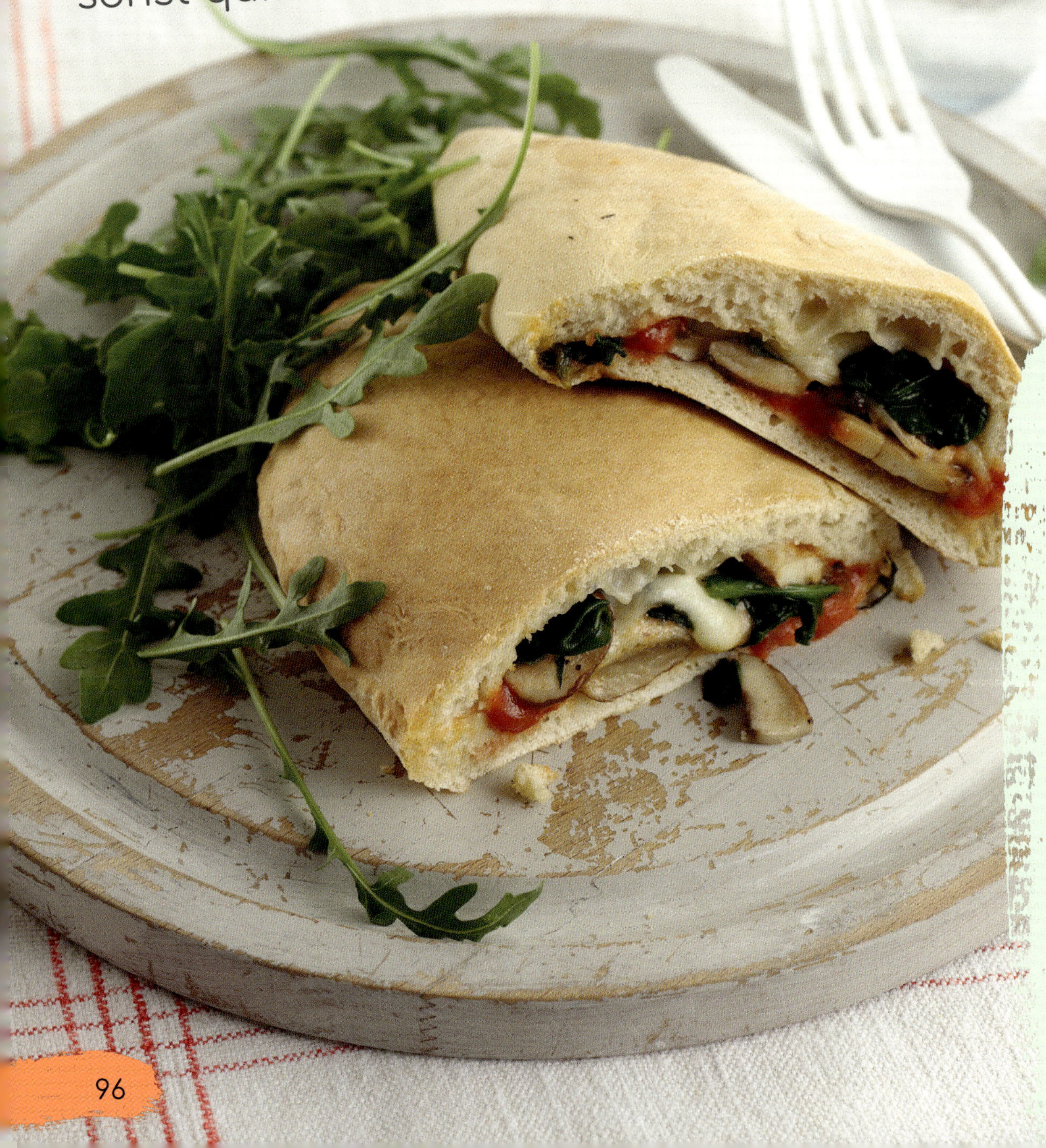

Zutaten:

- 1 EL gutes Olivenöl und etwas Öl für die Schüssel
- 200 g Pilze, in Scheiben geschnitten
- 1 Prise Meersalz und schwarzer Pfeffer aus der Mühle
- 300 g Spinat, zerpflückt
- 4 EL passierte Tomaten
- 200 g Mozzarella
- Salatblätter zum Servieren

Für den Teig

- 500 g Mehl Type 550 und etwas Mehl zum Arbeiten
- 1 Tütchen Trockenhefe
- 1 Prise Meersalz
- 1 EL gutes Olivenöl

1

Gib Mehl, Hefe und Salz in die Schüssel der Küchenmaschine. Setze den Knethaken ein und schalte die Maschine an. Gieße 325 ml warmes Wasser und das Öl dazu. Knete 10 Minuten, bis der Teig zusammenhält.

2

Streue etwas Mehl auf die Arbeitsfläche und knete den Teig mit den Händen noch etwa 5 Minuten.

3

Fette eine Schüssel mit etwas Öl ein. Lege den Teig hinein, decke ihn mit Frischhaltefolie ab und stelle ihn 2 Stunden an einen warmen Platz, bis er doppelt so groß ist. Heize den Backofen auf 200 °C vor.

4

Drücke den Teig kurz zusammen. Streue Mehl auf die Arbeitsfläche und knete ihn 1 Minute. Teile ihn in Viertel, rolle Kugeln und lege sie 30 Minuten an einen warmen Platz, bis sie doppelt so groß sind.

5

Erhitze das Olivenöl in einer großen Pfanne. Brate darin die Pilze zusammen mit Salz und Pfeffer 2 Minuten bei mittlerer Hitze. Rühre den Spinat unter.

6

Schiebe ein Backblech in den Ofen, damit es heiß wird. Rolle den Teig zu Kreisen (20 cm) aus. Bestreiche sie mit passierten Tomaten, aber lass einen 2 cm breiten Rand frei.

7

Gib auf jeden Teigkreis etwas von dem Gemüse – aber nur auf eine Hälfte. Streue Käse darüber. Feuchte die Ränder an, falte den Teig zur Hälfte und drücke die Ränder gut zusammen. Lege die Calzone vorsichtig auf das heiße Backblech und backe sie 20 Minuten. Serviere die Calzone mit Salat.

Bestreichen!

Veggie-Würstchen mit Kartoffelbrei

Wusstest du, dass man vegetarische Würstchen selbst machen kann? Probier mal – am besten mit Kartoffelbrei und brauner Soße!

6 Personen
Vorbereiten: 40 Min.
Einweichen: 20 Min.
Kühlen: 50 Min.
Garen: 50 Min.

Gut zu wissen!
Linsen, Eier und Nüsse enthalten viele Proteine. Kartoffeln und Semmelbrösel liefern Kohlenhydrate. Dazu noch leckeres Gemüse und fertig ist eine rundum gesunde Mahlzeit.

1

Weiche die Pilze 20 Minuten in einer Schüssel mit heißem Wasser ein. Nimm sie mit einem Schaumlöffel heraus und hacke sie. Gieße das Einweichwasser nicht weg.

2

Erhitze ½ EL Öl in einer großen Pfanne. Brate die Zwiebel darin bei mittlerer Hitze 3 Minuten. Würze mit Salz und Pfeffer. Gib den Knoblauch dazu und gare ihn 1 Minute mit.

3

Gib Pilze, Linsen, Nüsse, Apfel, Semmelbrösel, Kräuter, Tomatenmark, Zwiebel und Knoblauch in einen Mixer. Hacke alles fein, aber nicht zu Brei.

Zutaten:

15 g getrocknete Steinpilze

3 EL gutes Olivenöl zum Braten

1 Zwiebel, fein gehackt

Meersalz und schwarzer Pfeffer aus der Mühle

2 Knoblauchzehen, fein gehackt

2 × 400-g-Dose Linsen, abgespült und abgetropft

200 g gemahlene Pekannuss- oder Walnusskerne

1 Apfel, geraspelt

250 g frische Semmelbrösel

1 Handvoll frische Thymianblätter

1 Handvoll glatte Petersilie, fein gehackt

½ EL Tomatenmark

2 Eier

500 g Kartoffeln, geschält und gewürfelt

25 g Butter

150 ml Milch

4 TL vegetarische Instant-Soße, in 280 ml heißem Wasser aufgelöst, zum Servieren

300 g Brokkoli, im Dampf gegart, zum Servieren

4

Gib die Masse in eine Schüssel. Rühre die Eier einzeln unter und gib etwas Einweichwasser von den Pilzen dazu. Würze noch einmal und stelle sie dann 30 Minuten in den Kühlschrank.

5

Forme aus der Masse zehn bis zwölf Kugeln und rolle sie dann zu Würstchen. Lege sie auf einen Teller und stelle sie noch einmal 20 Minuten in den Kühlschrank.

6

Brate die Würstchen bei mittlerer Hitze im restlichen Öl (2 ½ EL). Koche die Kartoffeln in Wasser gar. Gieße sie ab und stampfe sie. Rühre Butter und Milch unter, würze mit Pfeffer und Salz.

Stampfen!

Gebratener Blumenkohl

4 Personen
Vorbereiten: 25 Min.
Garen: 1 Std.

Blumenkohl enthält neben Vitamin K auch Eisen und Jod, die sonst vor allem in Fleisch und Fisch stecken.

Gut zu wissen!

Blumenkohl ist reich an Vitamin K. Du brauchst es, damit deine Knochen stark und gesund bleiben.

Zutaten:

2 große Köpfe Blumenkohl ohne Blätter

3 EL gutes Olivenöl

Meersalz und schwarzer Pfeffer aus der Mühle

2 TL Kurkuma, gemahlen

Abgeriebene Schale von 1 Bio-Zitrone

1 rote Chilischote, entkernt und fein gehackt

1 Handvoll glatte Petersilie (nur die Blätter), fein gehackt

3 TL Kapern, gehackt

6 Kartoffeln, geschält und gewürfelt, zum Servieren

2–3 Zweige Rosmarin (nur die Blätter)

1 Schneiden!

Stelle den Blumenkohl auf seinen Strunk und schneide ihn senkrecht in gleichmäßige Scheiben. Aus einem Kopf kannst du drei bis vier Scheiben schneiden. Verwende auch die kleineren Stücke von den Seiten.

2

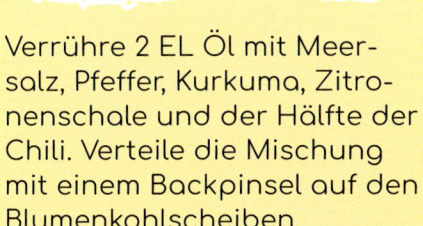

Verrühre 2 EL Öl mit Meersalz, Pfeffer, Kurkuma, Zitronenschale und der Hälfte der Chili. Verteile die Mischung mit einem Backpinsel auf den Blumenkohlscheiben.

3

Erhitze eine Grillpfanne und brate die Blumenkohlscheiben darin 4–5 Minuten. Wende sie und brate auch die andere Seite 4–5 Minuten, bis der Blumenkohl gar ist und braune Streifen hat.

4

Lege die Scheiben auf Teller. Bestreue sie mit Petersilie, Kapern und den restlichen Chilistückchen. Dann kannst du sie servieren.

Und dazu...

Heize den Backofen auf 200 °C vor. Verteile Kartoffelwürfel und Rosmarin in einem großen Bräter. Beträufle alles mit dem restlichen Olivenöl (1 EL) und würze mit Pfeffer und Salz. Zum Mischen nimmst du am besten die Hände. Backe die Kartoffeln 25–30 Minuten, bis sie weich sind.

Brokkoli-Bohnen-Pfanne

Dies ist ein Rezept für Tage, an denen du viel zu tun hast, denn es ist im Handumdrehen fertig.

4 Personen
Vorbereiten: 25 Min.
Garen: 15 Min.

Gut zu wissen!

Brokkoli und Tomaten enthalten viel Vitamin C. Dein Körper braucht es unbedingt, damit er das Eisen aus den Bohnen gut aufnehmen kann.

Zutaten:

1 Kopf Brokkoli, in Röschen zerteilt

Meersalz

200 g junge grüne Bohnen, geputzt und gedrittelt

1 EL Sesamöl

1 Bund Frühlingszwiebeln, geputzt und in dünne Ringe geschnitten (lege einige zum Garnieren zur Seite)

2 Knoblauchzehen, in dünne Scheiben geschnitten

1 rote Chilischote, entkernt und in dünne Streifen geschnitten

1 EL frisch geriebener Ingwer

400-g-Dose rote Kidneybohnen, abgespült und abgetropft

1 Handvoll Kirschtomaten

300 g chinesische Instant-Nudeln

10 g schwarzer oder heller Sesam (oder eine Mischung)

1 Handvoll Korianderblätter (wenn du magst)

Für die Soße

3 EL Limettensaft

2 EL helle Sojasoße, vielleicht etwas mehr

2 TL Zucker

2 TL Speisestärke

Mixen!

Gib alle Zutaten für die Soße in eine kleine Schüssel und rühre mit einem Schneebesen gründlich um.

1

Lege die Brokkoliröschen in einen Topf mit kochendem Salzwasser und gare sie 2 Minuten. Gib die Bohnen dazu und koche beides noch weitere 3 Minuten. Gieße das Gemüse in ein Sieb und lege es dann in eine Schüssel mit kaltem Wasser.

3

2

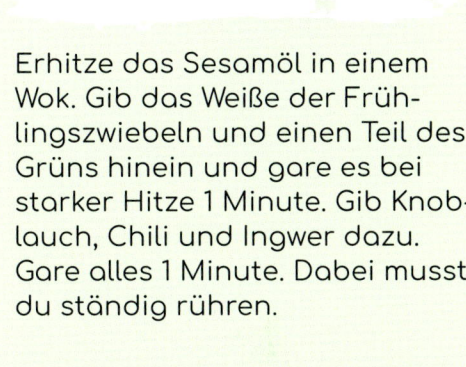

Erhitze das Sesamöl in einem Wok. Gib das Weiße der Frühlingszwiebeln und einen Teil des Grüns hinein und gare es bei starker Hitze 1 Minute. Gib Knoblauch, Chili und Ingwer dazu. Gare alles 1 Minute. Dabei musst du ständig rühren.

Lass Brokkoli und Bohnen abtropfen und gib sie in den Wok. Auch Kidneybohnen und Tomaten kommen jetzt dazu. Rühre um und gare das Gemüse 2 Minuten. Gieße die Soße (unten) dazu und lass sie 2 Minuten brodeln. Rühren nicht vergessen!

4

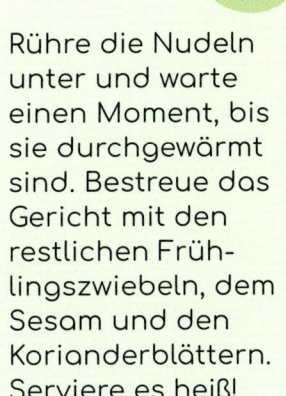

Rühre die Nudeln unter und warte einen Moment, bis sie durchgewärmt sind. Bestreue das Gericht mit den restlichen Frühlingszwiebeln, dem Sesam und den Korianderblättern. Serviere es heiß!

Curry mit Kichererbsen

Dieses indische Curry ist mild, aber du kannst mehr Chilis nehmen, wenn du gern scharf isst.

4 Personen
Vorbereiten:
25 Min.
Garen: 50 Min.

Zutaten:

1 EL gutes Olivenöl

1 rote Zwiebel, grob gehackt

Meersalz und schwarzer Pfeffer aus der Mühle

2 Knoblauchzehen, fein gehackt

1 EL frisch geriebener Ingwer

1 rote Chilischote, entkernt und fein gehackt

2 TL Garam masala

2 Süßkartoffeln, geschält und gewürfelt

400-g-Dose Kichererbsen, abgespült und abgetropft

400-g-Dose gewürfelte Tomaten

400-g-Dose Kokosmilch

300 g Spinat

1 Bund Koriandergrün, gehackt

200 g Natur-Basmatireis zum Servieren

Für den Salat

1 Tomate, grob gehackt

½ Gurke, grob gehackt

½ rote Zwiebel, grob gehackt

1 Handvoll Korianderblätter, gehackt

1 Erhitze das Öl in einem großen Topf. Brate die gehackte Zwiebel darin bei mittlerer Hitze 2–3 Minuten, bis sie weich wird. Rühre Salz und Pfeffer, Knoblauch, Ingwer, Chili und Garam masala unter und wärme alles 1 Minute durch. Gib dann die Süßkartoffeln dazu und rühre gut um.

2 Gib Kichererbsen, Tomaten und Kokosmilch in den Topf und bringe alles zum Kochen. Lass das Curry 15 Minuten bei schwacher Hitze köcheln, bis die Süßkartoffeln gar sind.

3 Rühre den Spinat in kleinen Portionen unter und wärme ihn durch, bis er zusammenfällt. Zuletzt rührst du das Koriandergrün unter.

Und dazu ...

Schütte den Reis in ein Sieb und spüle ihn gut ab. Bringe 400 ml Wasser in einem großen Topf zum Kochen. Gib den Reis dazu und koche ihn 25–30 Minuten, bis er gar ist. Danach soll im Topf kein Wasser mehr stehen. Mische die Zutaten für den Salat in einer kleinen Schüssel.

Kokosreis mit scharfen Bohnen

Dieses Gericht schmeckt so gut, wie es aussieht. Und schnell fertig ist es außerdem.

4 Personen
Vorbereiten: 20 Min.
Garen: 20 Min.

Scharf!

Vegan wird das Gericht, wenn du statt Honig Ahornsirup nimmst.

1

Erhitze das Sesamöl in einer großen Pfanne. Brate darin Zwiebeln und Paprika bei mittlerer Hitze 3 Minuten. Rühre dabei oft um. Gib Ingwer, Chiliringe und -flocken und Limettenschale dazu.

2

Rühre Limettensaft, die Soja-Honig-Mischung und schwarzen Pfeffer unter und gare das Gemüse 2 Minuten. Vergiss nicht zu rühren.

Gut umrühren

3

Zuletzt rührst du Kidneybohnen und Zuckerschoten unter. Wenn du möchtest, träufle die scharfe Chilisoße darüber. Halte das Gemüse warm.

4

Zutaten:

1 EL Sesamöl

1 Bund Frühlingszwiebeln, in dünne Ringe geschnitten

2 rote Paprikaschoten, entkernt und grob gehackt

1 EL frisch geriebener Ingwer

1 rote Chilischote, in dünne Ringe geschnitten

1 Prise Chiliflocken

Abgeriebene Schale und Saft von 1 Bio-Limette

2 EL dunkle Sojasoße, verrührt mit 2 TL flüssigem Honig

Salz und schwarzer Pfeffer aus der Mühle

400-g-Dose Kidneybohnen, abgespült und abgetropft

1 Handvoll Zuckerschoten, schräg in Stücke geschnitten

Scharfe Chilisoße zum Servieren (wenn du magst)

200 g Basmatireis, abgespült

200 g Kokosmilch

Gib den Reis zusammen mit der Kokosmilch, 200 ml Wasser und 1 Prise Salz in einen Topf und bringe alles zum Kochen. Lege den Deckel auf und gare den Reis bei schwacher Hitze 15 Minuten, bis keine Flüssigkeit mehr im Topf steht. Serviere den Reis zum Gemüse.

Gemüsegulasch mit Klößen

Das Besondere an diesem Gulasch mit Paprika und anderem buntem Gemüse sind die kleinen würzigen Kräuterklöße.

Zutaten:

1 EL gutes Olivenöl

1 Zwiebel, fein gehackt

Meersalz und schwarzer Pfeffer aus der Mühle

2 Knoblauchzehen, fein gehackt

4 Karotten, geschält und gewürfelt

2 rote Paprikaschoten, entkernt und in Stücke geschnitten

4 Kartoffeln, geschält und grob gewürfelt

4 Tomaten, grob gehackt

1 EL Paprikapulver edelsüß

400-g-Dose weiße oder gemischte Bohnen, abgespült und abgetropft

1 Würfel Gemüsebrühe, in 750 ml heißem Wasser aufgelöst

Etwas glatte Petersilie, fein gehackt

Für die Klöße

100 g Mehl

1 Prise Meersalz

1 TL Backpulver

50 g Butter, gewürfelt

Schnittlauch-röllchen

6 Personen
Vorbereiten: 30 Min.
Garen: 1 Std. 30 Min.

1
Heize den Backofen auf 200 °C vor. Erhitze das Öl in einem Bräter. Brate die Zwiebel darin bei mittlerer Hitze zusammen mit etwas Salz und Pfeffer 2 Minuten. Rühre Knoblauch und Karotten unter und gare sie einige Minuten mit.

2
Gib Paprika und Kartoffeln dazu. Gare sie 5 Minuten und rühre zwischendurch öfter um. Dann kommen Tomaten und Paprikapulver dazu. Wieder gut umrühren!

3
Rühre Bohnen und Gemüsebrühe unter und bringe alles zum Kochen. Lege den Deckel auf den Bräter und schiebe ihn 1 Stunde 20 Minuten in den Backofen. Schau zwischendurch nach. Wenn das Gulasch trocken aussieht, gieße etwas heißes Wasser dazu.

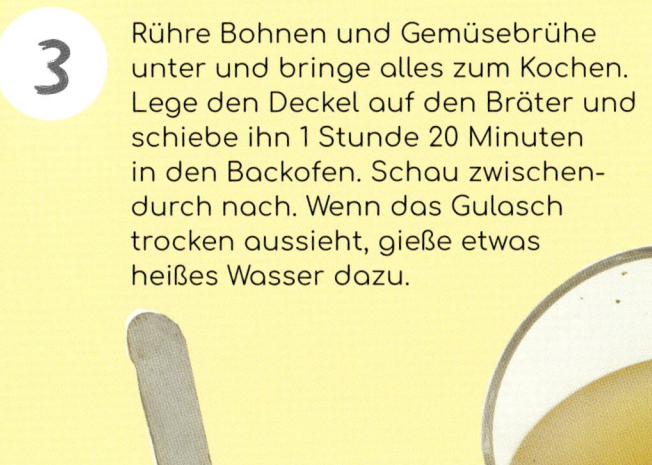

4
Wenn das Gulasch im Ofen gart, werden die Klöße vorbereitet. Gib Mehl, Meersalz, Backpulver und Butter in eine Schüssel und mische alles mit den Fingern, bis die Masse wie Brösel aussieht.

5
Rühre Schnittlauch und 2 TL Wasser unter. Knete alles mit den Händen zusammen. Wenn die Masse zu trocken ist, gib noch ein paar Tropfen Wasser dazu.

6
Forme aus der Masse zwölf gleichmäßige Kugeln. 20 Minuten bevor das Gulasch fertig ist, legst du sie in den Bräter. Danach schiebst du ihn wieder in den Ofen. Bestreue das fertige Gulasch mit gehackter Petersilie, bevor du es servierst.

Dazu schmeckt frisches, knuspriges Brot!

Linsen-Burger mit Halloumi

Diese Burger mit Halloumi, Karotten und Rote Bete sind unwiderstehlich saftig!

8 Stück
Vorbereiten: 30 Min.
Kühlen: 20 Min.
Garen: 20 Min.

1

Mische die Linsen in einer großen Schüssel mit Zwiebel, Knoblauch, Chiliflocken, Salz und Pfeffer.

Zutaten:

2 × 400-g-Dose braune Linsen, abgespült und abgetropft

1 rote Zwiebel, fein gehackt

2 Knoblauchzehen, gehackt

1 Prise Chiliflocken (wenn du magst)

Meersalz und schwarzer Pfeffer aus der Mühle

2 Karotten, geschält und geraspelt

1 Rote Bete, geschält und geraspelt

125 g Halloumi, gerieben

125 g Semmelbrösel

1 Handvoll glatte Petersilie, gehackt

2 Eier

Zum Servieren

8 weiche Brötchen

8 Salatblätter

16 Scheiben Tomate

8 Scheiben Gewürzgurke

Tomatensoße (oder Ketchup)

2

Rühre geraspelte Karotte und Rote Bete unter.

3

Rühre dann geriebenen Halloumi, Semmelbrösel und Petersilie unter.

4

Gib die Eier dazu und verknete alles mit den Händen, bis die Masse zusammenhält. Forme nun mit feuchten Händen acht Burger. Lege Backpapier auf ein Backblech.

5

Setze die Burger auf das Blech und drücke sie etwas flach. Decke sie mit Frischhaltefolie ab und stelle sie 20 Minuten in den Kühlschrank. Heize den Backofen auf 200 °C vor.

6

Gare die Burger 15–20 Minuten im heißen Backofen. Belege die Brötchen mit Salat, Burgern, Tomaten- und Gurkenscheiben und je 1 Klecks Tomatensoße.

Zum Naschen

Süß und saftig!

Auch mit Obst und Gemüse kann man tolle süße Leckereien zaubern. Wie wäre es mit schokoladigen Energie-kugeln, feinen Orangenplätzchen, selbstgemachtem Avocado-Eis, Brownies mit Rote Bete oder erfrischendem Limettenkuchen?

Coco-Schoko-Energiekugeln

Einfacher geht es kaum: mixen, rollen und kühlen. Dann kannst du zugreifen, wenn du eine kleine Stärkung brauchst.

12 Stück

Vorbereiten: 15 Min.

Kühlen: 20 Min. oder über Nacht

Mixen!

Rosinen

Kakao-
pulver

Flüssiger
Honig

Kokosraspel

Heißes
Wasser

Zutaten:

85 g Mandelkerne

20 g Kakaopulver

85 g Rosinen

30 g Kokosraspel

1 TL flüssiger Honig

60 g Kokosraspel zum
Wälzen

1 Fülle die Mandeln in einen Mixer
und zerhacke sie ganz fein.
Schütte Kakao, Rosinen und
30 g Kokosraspel dazu und mixe
noch einmal. Danach den Honig
und etwa 2 EL heißes (nicht
kochendes) Wasser untermixen,
bis die Masse zusammenhält.

Probier mal!

Statt Honig
kannst du auch
Ahornsirup oder
Agavendicksaft
verwenden.

Rollen!

2 Forme aus der Masse zwölf Kugeln.
Wälze die Hälfte der Kugeln in den
Kokosraspeln. Lege alle Kugeln auf
eine Platte mit Backpapier. Dann
müssen sie 20 Minuten oder über
Nacht gekühlt werden.

3 Bewahre die Kugeln in einer
luftdichten Dose im Kühl-
schrank auf. Du kannst sie
auch hübsch verpacken und
verschenken.

Avocado-Bananen-Eis

Dieses hellgrüne Eis wird auch ohne Eismaschine herrlich cremig. Deine Freunde werden es ruckzuck wegputzen!

1 Liter

Vorbereiten: 15 Min.

Plus Zeit zum Gefrieren

1

Gib Kokosmilch, Avocados. Bananen, Matchapulver, Limettensaft, Ahornsirup und Pfefferminzaroma in den Mixer und püriere alles zu einer cremigen Masse. Probiere die Creme. Wenn sie nicht süß genug ist, dann rühre noch etwas mehr Ahornsirup unter.

2

Fülle die Creme in eine Gefrierbox. Stelle sie etwa 1 Stunde in den Tiefkühler.

3

Fülle die Masse wieder in den Mixer und rühre sie gut durch. Danach wieder in die Gefrierbox füllen und einfrieren.

4

Nach 20 Minuten rührst du die Masse noch einmal im Mixer durch, damit sich keine Eiskristalle bilden. Das musst du noch mehrmals wiederholen, damit das Eis schön cremig wird.

5

Beim letzten Mixen werden die Schokotröpfchen unter das Eis gerührt. Dann füllst du es wieder in die Gefrierbox und frierst es ein, bis es die gewünschte Konsistenz erreicht hat.

Zutaten:

2 × 400-g-Dose Kokosmilch

3 reife Avocados, entkernt

2 reife Bananen

½ TL Matchapulver

Saft von 1 Limette (damit die Früchte nicht braun werden)

3 EL Ahornsirup

2 Tropfen Pfefferminzaroma

75 g vegane dunkle Schokotröpfchen (70 % Kakao) oder dunkle Schokolade, in Stücke gebrochen

Orangen-plätzchen

Wenn du den Bogen mit diesen Plätzchen heraushast, kannst du auch mit anderen Gewürzen oder dunkler Schokolade experimentieren.

8 Personen
Vorbereiten: 20 Min.
Garen: 10 Min.

1

Heize den Backofen auf 180 °C vor. Fette zwei Backbleche mit Butter. Gib Mehl, Backpulver und Butter in eine große Schüssel und mische alles mit den Fingern, bis die Masse bröselig aussieht.

2

Rühren!

Mische zuerst den Zucker unter. Gib dann Orangenschale und Schokotröpfchen dazu.

Abreiben!

3

Knete den Teig mit den Händen zusammen. Wenn er sehr klebrig ist, mische etwas mehr Mehl darunter. Teile ihn in Hälften und forme Rollen. Schneide jede Teigrolle in acht Stücke.

4

Rolle die Teigstücke zu Kugeln, setze sie auf die Backbleche und drücke sie etwas flach. Backe sie 10 Minuten, bis sie hell goldbraun sind.

Zutaten:

100 g kalte Butter, gewürfelt, und etwas Butter für die Bleche

125 g Mehl

1 gehäufter TL Backpulver

50 g Zucker

Abgeriebene Schale von 1 Bio-Orange

60 g weiße Schokotröpfchen

5

Abkühlen!

Lass die Plätzchen einen Moment auf dem Blech abkühlen. Setze sie dann auf ein Kuchengitter und warte, bis sie kalt sind.

Rote-Bete-Brownies

Rote Bete machen diese herrlich schokoladigen Brownies nicht nur saftig, sondern auch ein bisschen gesünder.

12 Stücke
Vorbereiten: 20 Min.
Garen: 1 Std.

Tipp
In einer luftdicht schließenden Box kannst du die Brownies 3–4 Tage aufbewahren.

1 Reiben!

Tipp

Rote Bete färben sehr stark. Zieh beim Reiben lieber Handschuhe an, damit deine Finger nicht lila werden.

Heize den Backofen auf 180 °C vor. Lege die Roten Beten in einen Topf mit kochendem Wasser und koche sie bei schwacher Hitze in 30–35 Minuten gar. Gieße sie ab und lass sie etwas abkühlen. Dann kannst du sie pellen und reiben. Stelle sie dann erst einmal zur Seite.

2

Stelle eine hitzefeste Schüssel auf einen Topf mit kochendem Wasser. Gib Schokolade und Butter hinein und lass beides schmelzen. Rühre ab und zu um.

3

Verrühre Zucker und Eier in einer Schüssel. Rühre danach die flüssige Schokoladenmischung unter.

4

Rühre nun Mehl, Backpulver und Kakao und danach die geriebenen Roten Beten unter.

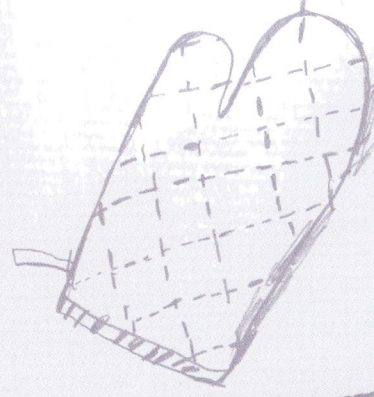

5

Fülle den Teig in die Backform, streiche ihn glatt und backe ihn 25 Minuten. Stich ein Holzstäbchen hinein. Wenn kein Teig daran haftet, ist der Kuchen fertig. Lass den Kuchen in der Form abkühlen. Dann kannst du ihn stürzen und in Stücke schneiden.

Zutaten:

250 g Rote Bete

200 g dunkle Schokolade, in kleine Stücke gebrochen

200 g Butter, gewürfelt, und etwas Butter für die Form

200 g hellbrauner Zucker

3 Eier

150 g Mehl

1½ TL Backpulver

50 g Kakaopulver

Besonderes Zubehör

Quadratische Backform (22 × 22 cm, 3–4 cm hoch), gefettet

Limettenkuchen

Der Kuchen hat einen knusprigen Boden und einen süß-säuerlichen Belag. Köstlich!

6 Personen
Vorbereiten:
20 Min.
Garen: 25 Min.

Plus Zeit
zum Kühlen

1 Heize den Backofen auf 180 °C vor. Zerhacke die Kekse im Mixer zu feinen Krümeln. Lass die Butter in einem Topf schmelzen, gib die Kekskrümel dazu und rühre gründlich um.

Rühren!

Zutaten:

200 g Vollkorn-Butterkekse

50 g Butter

Für den Belag

3 große Eigelb

Abgeriebene Schale von 2 Bio-Limetten und Saft von 4 Limetten

400 g gezuckerte Kondensmilch

200 g Sahne zum Garnieren

Besonderes Zubehör

Quiche-Form, 22 cm

Spritzbeutel

Achtung, für dieses Rezept werden die Eier nicht ganz durchgegart.

2 Fülle die Masse in die Form. Drücke sie fest an Boden und Seiten. Backe den Teig 10 Minuten, bis er fest ist. Nimm ihn aus dem Ofen und lass ihn abkühlen.

3 Rühre die Eigelbe in einer Schüssel 1 Minute, bis sie schaumig sind. Gib Limettenschale, Limettensaft und Kondensmilch dazu und rühre noch einmal gut um.

Schlage die Sahne in einer Schüssel steif. Fülle sie in den Spritzbeutel und setze kleine Sahnetupfer um den Rand des Kuchens.

4 Gieße die Mischung auf den Boden und backe sie 15 Minuten, bis sie gerade fest ist. Nimm den Kuchen aus dem Ofen und lass ihn ganz abkühlen. Stelle ihn danach in den Kühlschrank.

5

Verzieren!

Nährwerte unter der Lupe

Hier kannst du genau nachsehen, was in den Rezepten steckt. Extras und Varianten sind nicht eingerechnet. Denk daran, dich abwechslungsreich zu ernähren. Die Kalorien entsprechen der Energie, die ein Gericht liefert.

Zum Snacken

Fladenbrot mit Dips
- Kalorien 556
- Fett 35 g
- Gesättigte Fette 6 g
- Proteine 16 g
- Ballaststoffe 8 g
- Salz 1,3 g

Knabbergemüse mit Dips
- Kalorien 303
- Fett 21,5 g
- Gesättigte Fette 14 g
- Proteine 11 g
- Ballaststoffe 3,5 g
- Salz 1,5 g

Bananen-Chips mit Dips
- Kalorien 322
- Fett 24 g
- Gesättigte Fette 5 g
- Proteine 4 g
- Ballaststoffe 1 g
- Salz 0,9 g

Nachos für alle
- Kalorien 657
- Fett 30 g
- Gesättigte Fette 14 g
- Proteine 23 g
- Ballaststoffe 8,5 g
- Salz 1,8 g

Bulgur-Salat mit Früchten
- Kalorien 543
- Fett 16,5 g
- Gesättigte Fette 2,5 g
- Proteine 16 g
- Ballaststoffe 10 g
- Salz 0,3 g

Kräutermuffins mit Käse
- Kalorien 158
- Fett 9 g
- Gesättigte Fette 5 g
- Proteine 7 g
- Ballaststoffe 0,5 g
- Salz 0,6 g

Chinesische Sommerrollen (pro Stück)
- Kalorien 50
- Fett 0,5 g
- Gesättigte Fette 0 g
- Proteine 1,5 g
- Ballaststoffe 0,5 g
- Salz 0,6 g

Melonensalat mit Feta
- Kalorien 341
- Fett 16 g
- Gesättigte Fette 6 g
- Proteine 14,5 g
- Ballaststoffe 3,5 g
- Salz 0,9 g

Fitmacher-Pommes
- Kalorien 224
- Fett 7 g
- Gesättigte Fette 1 g
- Proteine 3 g
- Ballaststoffe 8 g
- Salz 0,4 g

Zum Frühstück

Avocadocreme auf Toast
- Kalorien 457
- Fett 23 g
- Gesättigte Fette 4,5 g
- Proteine 10,5 g
- Ballaststoffe 7 g
- Salz 1,3 g

Karottenpfannkuchen
- Kalorien 132
- Fett 4 g
- Gesättigte Fette 1 g
- Proteine 4 g
- Ballaststoffe 1 g
- Salz 0,4 g

Rührei
- Kalorien 285
- Fett 27 g
- Gesättigte Fette 15 g
- Proteine 9 g
- Ballaststoffe 0 g
- Salz 1,2 g

Bircher Müsli
- Kalorien 358
- Fett 12 g
- Gesättigte Fette 4 g
- Proteine 10 g
- Ballaststoffe 5 g
- Salz 0,2 g

Mangojoghurt mit Brotstreifen
- Kalorien 392
- Fett 15,5 g
- Gesättigte Fette 9 g
- Proteine 10 g
- Ballaststoffe 5 g
- Salz 0,5 g

Pochierte Eier mit Gemüse und Soße
- Kalorien 755
- Fett 64 g
- Gesättigte Fette 35 g
- Proteine 18 g
- Ballaststoffe 4,5 g
- Salz 2,3 g

Zum Mittagessen

Kürbissuppe

- Kalorien 230
- Fett 6,5 g
- Gesättigte Fette 1,5 g
- Proteine 8 g
- Ballaststoffe 5 g
- Salz 0,7 g

Gemüse-Wraps

- Kalorien 592
- Fett 38 g
- Gesättigte Fette 14 g
- Proteine 18 g
- Ballaststoffe 6 g
- Salz 2,9 g

Gemüse-Frittata

- Kalorien 256
- Fett 16 g
- Gesättigte Fette 5,5 g
- Proteine 17 g
- Ballaststoffe 3 g
- Salz 0,9 g

Risotto mit Perlgraupen

- Kalorien 521
- Fett 14 g
- Gesättigte Fette 3 g
- Proteine 13,5 g
- Ballaststoffe 5 g
- Salz 0,6 g

Pasta mit Pesto

- Kalorien 826
- Fett 51 g
- Gesättigte Fette 10,5 g
- Proteine 21 g
- Ballaststoffe 4 g
- Salz 0,4 g

Quesadillas

- Kalorien 579
- Fett 16 g
- Gesättigte Fette 4,5 g
- Proteine 15 g
- Ballaststoffe 9 g
- Salz 1,3 g

Dhal mit Paratha-Brot

- Kalorien 580
- Fett 16 g
- Gesättigte Fette 1,5 g
- Proteine 21 g
- Ballaststoffe 7,5 g
- Salz 0,6 g

Vegetarische Gyoza (pro Stück)

- Kalorien 66
- Fett 0,5 g
- Gesättigte Fette 0,1 g
- Proteine 2 g
- Ballaststoffe 0,1 g
- Salz 0,4 g

Japanische Gemüseröllchen (pro Stück)

- Kalorien 67
- Fett 2 g
- Gesättigte Fette 1 g
- Proteine 1,5 g
- Ballaststoffe 0,7 g
- Salz 0,25 g

Zum Trinken

Frucht-Mandel-Shake (2 Gläser)

- Kalorien 337
- Fett 20 g
- Gesättigte Fette 2 g
- Proteine 10 g
- Ballaststoffe 4,5 g
- Salz 0,2 g

Pfirsichtraum

- Kalorien 100
- Fett 0 g
- Gesättigte Fette 0 g
- Proteine 0 g
- Ballaststoffe 3 g
- Salz 0 g

Gurken-Drink

- Kalorien 55
- Fett 0 g
- Gesättigte Fette 0 g
- Proteine 0,5 g
- Ballaststoffe 1 g
- Salz 0 g

Heiße Haferschokolade

- Kalorien 371
- Fett 18,5 g
- Gesättigte Fette 9,5 g
- Proteine 4 g
- Ballaststoffe 3,5 g
- Salz 0,3 g

Melonen-Fizz

- Kalorien 97
- Fett 0 g
- Gesättigte Fette 0 g
- Proteine 0 g
- Ballaststoffe 0 g
- Salz 0 g

Mango-Lassi

- Kalorien 134
- Fett 4 g
- Gesättigte Fette 3 g
- Proteine 6,5 g
- Ballaststoffe 2 g
- Salz 0,2 g

Süßkartoffel-Lasagne

- Kalorien 450
- Fett 15 g
- Gesättigte Fette 8 g
- Proteine 18 g
- Ballaststoffe 9 g
- Salz 0,9 g

Grüner Bohnentopf

- Kalorien 350
- Fett 6 g
- Gesättigte Fette 1 g
- Proteine 10 g
- Ballaststoffe 5 g
- Salz 0,3 g

Süßkartoffel-Falafel

- Kalorien 300
- Fett 15,5 g
- Gesättigte Fette 2,5 g
- Proteine 10 g
- Ballaststoffe 6,5 g
- Salz 1,6 g

Pizza mit Pilzen und Zucchini

- Kalorien 1999
- Fett 68 g
- Gesättigte Fette 31 g
- Proteine 50 g
- Ballaststoffe 5,5 g
- Salz 3,5 g

Zum Abendessen

Pizza bianca

- Kalorien 800
- Fett 31 g
- Gesättigte Fette 8 g
- Proteine 25 g
- Ballaststoffe 6,5 g
- Salz 2,2 g

Pizza mit Pesto und getrockneten Tomaten

- Kalorien 1134
- Fett 60 g
- Gesättigte Fette 20 g
- Proteine 41 g
- Ballaststoffe 5 g
- Salz 2,9 g

Calzone mit Gemüse

- Kalorien 640
- Fett 18 g
- Gesättigte Fette 8,5 g
- Proteine 24 g
- Ballaststoffe 6 g
- Salz 1,1 g

Veggie-Würstchen mit Kartoffelbrei

- Kalorien 325
- Fett 21,5 g
- Gesättigte Fette 3,5 g
- Proteine 10 g
- Ballaststoffe 4 g
- Salz 0,2 g

Gebratener Blumenkohl

- Kalorien 427
- Fett 10 g
- Gesättigte Fette 1,5 g
- Proteine 15 g
- Ballaststoffe 9 g
- Salz 0,6 g

Brokkoli-Bohnen-Pfanne

- Kalorien 269
- Fett 7 g
- Gesättigte Fette 1 g
- Proteine 10,5 g
- Ballaststoffe 7 g
- Salz 1,3 g

Curry mit Kichererbsen

- Kalorien 395
- Fett 21 g
- Gesättigte Fette 15 g
- Proteine 11 g
- Ballaststoffe 8 g
- Salz 0,4 g

Kokosreis mit scharfen Bohnen

- Kalorien 388
- Fett 12 g
- Gesättigte Fette 8 g
- Proteine 10 g
- Ballaststoffe 6 g
- Salz 1 g

Gemüsegulasch mit Klößen

- Kalorien 350
- Fett 10,5 g
- Gesättigte Fette 5 g
- Proteine 9 g
- Ballaststoffe 6 g
- Salz 0,6 g

Linsen-Burger mit Halloumi

- Kalorien 367
- Fett 8 g
- Gesättigte Fette 3 g
- Proteine 17 g
- Ballaststoffe 7 g
- Salz 1,5 g

Zum Naschen

Coco-Schoko-Energiekugeln

- Kalorien 96
- Fett 7 g
- Gesättigte Fette 3 g
- Proteine 2 g
- Ballaststoffe 1,5 g
- Salz 0 g

Avocado-Bananen-Eis (pro 100 ml)

- Kalorien 225
- Fett 19 g
- Gesättigte Fette 13,5 g
- Proteine 2 g
- Ballaststoffe 1 g
- Salz 0 g

Orangenplätzchen

- Kalorien 189
- Fett 11,5 g
- Gesättigte Fette 7 g
- Proteine 2 g
- Ballaststoffe 0,5 g
- Salz 0,15 g

Rote-Bete-Brownies

- Kalorien 345
- Fett 19,5 g
- Gesättigte Fette 12 g
- Proteine 5 g
- Ballaststoffe 1,5 g
- Salz 0,22 g

Limettenkuchen

- Kalorien 630
- Fett 40 g
- Gesättigte Fette 22 g
- Proteine 9 g
- Ballaststoffe 0,5 g
- Salz 0,7 g

Küchenlatein

Abgießen Lebensmittel in ein Sieb geben, damit die Flüssigkeit abtropft.

Aminosäuren Organische Verbindungen, aus denen der Körper Proteine herstellt.

Aromatisch Ein angenehmer, z. B. würziger, Geruch eines Lebensmittels.

Aufgehen Teig wird größer, wenn man ihn im Backofen erhitzt. Manche Sorten Teig gehen auf, wenn man sie eine Weile an einen warmen Platz stellt.

Auflösen Eine feste Zutat (z. B. Zucker) in Flüssigkeit geben und rühren oder erhitzen, bis die festen Bestandteile verschwunden sind.

Ausrollen Immer wieder mit einem Rollholz über ein Stück Teig fahren, bis es gleichmäßig dünn ist.

Bestreuen Eine trockene Zutat dünn auf der Oberfläche eines Gerichts verteilen.

Braten Lebensmittel in heißem Fett garen.

Eischnee Eiweiß, das so lange geschlagen wird, bis ein sehr fester, glänzender Schaum entsteht.

Entsaften Den Saft aus Obst oder Gemüse auspressen.

Entsteinen / entkernen Die Steine oder Kerne aus Obst oder Gemüse entfernen.

Enzyme Proteine, die im Körper eine bestimmte chemische Reaktion auslösen, z. B. die Verdauung der Laktose in Milch.

Erstarren Wenn flüssige Lebensmittel fest werden, z. B. Fett beim Abkühlen.

Fetten Ein Backblech oder eine Form dünn mit Butter oder Öl bestreichen, damit nichts festklebt.

Hacken In sehr kleine Stücke schneiden.

Hefe Ein Pilz, den man in einen Teig gibt. Er bewirkt, dass der Teig aufgeht.

Kneten Teig mit den Händen drücken und ziehen, bis er ganz geschmeidig wird. Das ist wichtig, um die Hefe zu verteilen.

Köcheln Ganz schwach kochen.

Kochen Eine Flüssigkeit in einem Topf so stark erhitzen, dass sie brodelt.

Konsistenz Wie flüssig oder dick, bröcklig oder geschmeidig eine Mischung ist.

Kühlen Lebensmittel in den Kühlschrank stellen.

Mixen Zutaten im Mixer miteinander verrühren. Dabei werden sie meistens auch zerkleinert.

Pflanzenstoffe Chemische Stoffe, die in Pflanzen enthalten sind.

Pikant Ein scharf-würziger Geschmack.

Portion Die Menge für eine Person.

Prise So viel, wie du zwischen drei Fingern festhalten kannst, z. B. Salz, Gewürze oder Kräuter.

Püree Ein weicher Brei aus Obst oder Gemüse.

Pürieren Zutaten in einem Mixer zu einem glatten Brei zerkleinern.

Reiben (auch raspeln) Zutaten auf einer Reibe in sehr feine Stücke zerkleinern.

Schlagen Zutaten so schnell mit einem Schneebesen oder Handmixer rühren, dass sie schaumig werden.

Schmelzen Eine feste Zutat erhitzen, bis sie flüssig wird.

Sieben Zutaten durch ein Sieb rieseln lassen, um Stücke oder Klümpchen vollständig zu entfernen.

Spritzbeutel Ein Beutel, den man mit Sahne oder Creme füllt, um Kuchen zu verzieren.

Stampfen Zutaten mit einer Gabel oder einem Stampfer zerdrücken.

Träufeln Flüssigkeit in Tropfen oder in einem dünnen Strahl zugeben.

Unterheben Zutaten so vorsichtig unterrühren, dass eine schaumige Mischung nicht zusammenfällt.

Verquirlen Zutaten gleichmäßig mit einer Gabel oder einem Quirl kräftig verrühren (z. B. Eigelb und Eiweiß).

Vorheizen Den Backofen früher einschalten, damit die richtige Temperatur erreicht ist, wenn du etwas darin backen willst.

Würfeln Etwas in kleine, gleichmäßige Würfel schneiden.

Würzen Salz, Pfeffer oder andere Gewürze an ein Gericht geben, um seinen Geschmack zu verbessern.

Zesten Feine Streifen von Orangen- oder Zitronenschale.

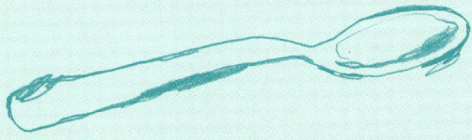

Register

Bildnachweis und Dank

Dorling Kindersley dankt für die Mitarbeit an diesem Buch: Anne Damerell für Assistenz in Rechtsfragen, Helen Peters für das Register, Annabel Hartog für die Erprobung der Rezepte, Carrie Love und Rachael Parfitt Hunt für das Styling, Eleanor Bates, Rachael Hare, Becky Walsh, James King, Clare Lloyd, Abi Luscombe, Charlotte Milner, Seeta Parmar für Assistenz beim Fotoshooting.

Der Verlag dankt folgenden Personen und Organisationen für die freundliche Genehmigung zum Abdruck von Fotos:

(Abkürzungen: o = oben, m = Mitte, l = links, Hg = Hintergrund)

6 Dreamstime.com: Ljupcho Jovkovski (Mlu). Cover: Vorn: 123RF.com: Jessmine (Mo); Dreamstime.com: Primopiano (Hg); Hinten: Dreamstime.com: Primopiano (Hg).

Alle anderen Abbildungen © Dorling Kindersley

Weitere Informationen unter www.dkimages.com

Noch mehr Bücher für neugierige und kreative Kids:

€ 9,95 [D] / € 10,30 [A]
ISBN 978-3-8310-3936-4

€ 14,95 [D] / € 15,40 [A]
ISBN 978-3-8310-3916-6

€ 12,95 [D] / € 13,40 [A]
ISBN 978-3-8310-3822-0

€ 14,95 [D] / € 15,40 [A]
ISBN 978-3-8310-4092-6

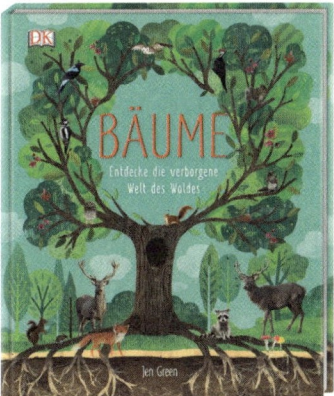

€ 14,95 [D] / € 15,40 [A]
ISBN 978-3-8310-3820-6

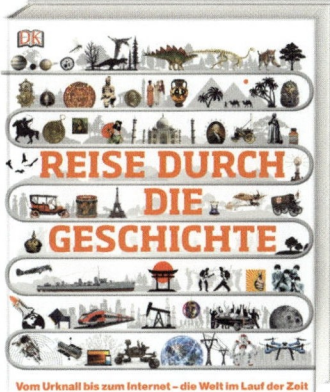

€ 24,95 [D] / € 25,70 [A]
ISBN 978-3-8310-3805-3

www.dk-verlag.de